SER para TENER

Un camino de 21 días para SER y 21 días más para MANIFESTAR la vida de tus sueños.

MARIANA SOTO ESTRELLA

MARIANA SOTO ESTRELLA

ISBN: 9798417415470

DEDICATORIA

Este libro está dedicado a todas las personas que se han cruzado en mi camino y me han permitido ser quien soy hoy.

AGRADECIMIENTOS

Quiero darle las gracias al universo por
su amor y posibilidades infinitas

1 EL MOTIVO DE ESTE LIBRO

Te comparto este cuaderno de trabajo personal que se convirtió en un libro. Toda esta travesía sucedió mientras intentaba salir de una quiebra económica y emocional. Es entonces que puedo decir que es un libro probado, ya que me funcionó a mí.

Fue el método para sentirme mejor, para tener una vida que veía muy lejana. Realmente siento que cambié de conciencia para tener una nueva, abandoné creencias o hábitos que ya no me servían y esto trajo como resultado muchos cambios, algunos que de inicio pensé que no eran buenos, pero que al final resultaron necesarios para tener una vida mejor.

Estoy segura de que todo esto sucedió porque ya me había cansado de la vida que tenía, llegué al hartazgo, me sentía cansada de vivir al día, cansada del trabajo tan pesado que realizaba en ese momento, frustrada por mis malas decisiones, ya que me habían llevado a invertir todo lo que tenía en un negocio que no funcionó por mi falta de conocimiento y compromiso.

Es justo de esta forma cuando las personas realmente cambian pues duele más quedarse en ese lugar incómodo que cambiar. Espero que tú no tengas que llegar al punto de perder absolutamente todo (en cuestión económica) y tengas ataques de ansiedad o depresión. Se puede desde antes, sobre todo mejorar tu vida cuando tienes la intención y esperanza de hacerlo.

No te voy a decir que todo sucedió como una revelación en un solo día, entiendo y me doy el mérito de este recorrido que me ha tomado años. Comencé meditando, fue el primer paso de todo, en ese momento tenía ansiedad y encontraba mucha paz al meditar. Te confieso que me resultaba muy difícil al inicio, pero así es la mente de testaruda cuando se junta con el ego. Hasta que entendí que yo no puedo controlar mi mente, pero sí puedo decidir en qué pensamientos decido enfocarme.

Alguna vez me dijeron en un taller de meditación que el corazón está hecho para latir y la mente está hecha para pensar, y yo no puedo pedirle a mi corazón que deje de latir, por lo tanto, tampoco puedo pedírselo a mi mente. Así que rompí con el primer mito ¡Meditar no es poner la mente en blanco! Es mucho más y aquí también lo vas a aprender.

Te estoy contando todo mi recorrido con la meditación pues fue el camino por el que conecté conmigo, con mi espiritualidad, por lo tanto, con la manifestación. Así que continuamos, mientras más meditaba más descubría aspectos de mí, pero también llegue a tener sensaciones muy intensas como cargas energéticas o vibraciones en mi cuerpo, la mayoría de las veces no tenía idea de lo que estaba pasando, pero en todas mi instinto me decía que había algo más. Que yo era algo más, que mi cuerpo era solo un vehículo que almacenaba un alma cargada de muchísima energía. Siempre que sentía todo esto que te platico era cuando hacía alguna meditación relacionada con el amor o gratitud. Después encontré que el amor y la gratitud son emociones con frecuencia muy alta, que nos elevan y un día encontré una frase que me llevé en el alma porque realmente eso sentía. "El universo te dice: Muéstrame tu vibración y yo te mostraré milagros." Realmente fue así. Gracias a la meditación conecté con el amor, con la gratitud, conmigo y poco a poco todo en mi vida comenzó a ordenarse. ¡TODO!

Me sentía sumamente agradecida por todo lo que tenía, por todo lo que me rodeaba, por mis seres queridos, por las maravillas del mundo. Algo aún me seguía diciendo en mi interior que había algo más. Comencé a hacer decretos y afirmaciones, me sentía de maravilla. Sabía muy poco de esta herramienta tan poderosa, en un inicio se me hizo extraño agradecer por lo que aún no tenía como si ya lo tuviera, pero le di la oportunidad. Entonces, comenzó a suceder. Ya sentía que me quería más, tenía mejores relaciones, más ingresos, más viajes, más todo. Mi lógica me llevó a escribir una carta agradeciendo a Dios y al universo por mi vida tan maravillosa.

Te dejo un párrafo de esa carta.

"Quiero agradecerte profundamente por todas las bendiciones que hay en mi vida y que me hacen tan feliz.
Me siento tranquila y contenta porque tengo una casa que me encanta, me gusta que es acogedora, que está en una cerrada muy familiar, puedo salir a correr todos los días y visitar ese parque que tanto me gusta.
También te quiero agradecer porque al fin formalicé mi noviazgo, estoy por casarme con un hombre maravilloso que amo y que me ama.
Siento que exploto de alegría y felicidad porque ya publiqué mi primer libro, gracias a ese libro estoy dando cursos y conferencias para personas de todo el mundo."

Durante dos meses todos los días leía esa carta y me dejaba sentir la emoción, algunas veces bailaba, brincaba o simplemente me sentía absolutamente agradecida. Gran sorpresa que me dio la vida, se me facilitó el crédito para comprar una casa, compré un auto, me comprometí con mi novio, comencé a viajar más, publiqué dos libros y a pesar de la pandemia di conferencias logrando tener 6,000 alumnos. Me puse en la frecuencia correcta y puse acción.

Me di cuenta de que todo estuvo a mi alcance todo el tiempo, pero mi pensamiento negativo y mi mentalidad limitada no me permitía darme la oportunidad de ir por todo aquello que deseo. Yo misma me estaba limitando creyendo que no era lo suficientemente buena para obtenerlo y me comparaba con mi pasado y eso no era justo porque en el pasado no lo había logrado porque en ese momento tenía menos herramientas. Así que no es justo que te compares con el pasado, además de que no te sirve.

El principio básico de manifestar y conectar con tu espiritualidad es situarte en una frecuencia alta como la gratitud, el amor, la felicidad y te voy a dar una analogía muy sencilla para entenderlo. Imagina que estás esperando una llamada para que te contraten en un trabajo que estás esperando con todo tu corazón, pues en esa llamada te harán un par de preguntas que tú ya sabes contestar porque sabes que eres capaz y estás perfectamente calificada para el puesto, pero ¡No tienes señal! Entonces esa llamada no va a entrar ¿Qué harás? Sencillo ¿No? Buscarás un sitio que si tenga señal para que tú tranquilamente realices esa llamada y obtengas el trabajo. Así trabaja el universo, solo necesitas sintonizarte, poner un poco de acción y sentirte merecedor.

En este libro te compartiré los ejercicios y herramientas que me sirvieron para conectar con mi espiritualidad que, por lo tanto, es una conexión directa con la manifestación. Yo le llamo "Manifestación activa" porque no te quedarás en un sillón acostado haciendo decretos y afirmaciones sin poner nada de tu parte. Se requiere de acción y compromiso, de permitirte moldear tu mente pues es un camino en donde vas a aprender a desaprender. Será un recorrido de recordar y olvidar en donde tendrás que acostumbrarte a los contrastes porque aquí de una forma amorosa van a salir tus luces y tus sombras, todo con la intención de llevar esas sombras a la luz para que te permitas ser una mejor versión de ti.

Completa y absolutamente tendrás que poner de tu parte, este material te servirá de guía pero tú tendrás que hacer las actividades o los cambios. Está dividido en días y cada día requiere además de la lectura unos 15 a 30 minutos de tu tiempo, pero el resto del día también requerirá de tu esfuerzo pues te estarás enfocando en tener pensamientos positivos, alejarte de la queja, la negatividad y conectar con la gratitud. Cuando comiences a hacerlo te sentirás tan bien que te aseguro que lo harás parte de tu vida.

El pensamiento para mi es la base de todo cambio

a nivel personal, los pensamientos más frecuentes que tengas a lo largo del día son los que dominan tu vida, suena bastante lógico. Ese es el principio de la manifestación. Te explicaré el motivo, un pensamiento se convierte en un sentimiento y de esa manera es como actuarás, por lo tanto se verá reflejado en tu realidad. Ahora complementando con la ley de la atracción, cualquier cosa en la que pienses constantemente y que tengas más arraigado se manifestará, sucederá.

Puedes darte la oportunidad de experimentar por un tiempo la ley de la atracción y adoptar pensamientos positivos por un periodo de tiempo. Necesitarás comprometerse realmente a hacerlo para que puedas ver los resultados.

Si cumples con las actividades, podrás realmente darle un giro a tu vida, dependerá totalmente de ti, necesito que te des ese voto de confianza, si es posible tener una vida plena y feliz. Si en este momento sientes que estás en el punto más bajo de tu vida, es posible ir hacia arriba.

Ahora con todo esto dicho vamos a comenzar.
Lo primero que te invito a hacer es a pensar el motivo por el cual adquiriste este libro, que utilidad le quieres dar y que lo analices realmente.

¿No te sientes satisfecho con la vida que tienes en este momento? ¿Te sientes estancado con algunas

áreas de tu vida?
¿Quieres aprender?
¿Buscas encontrarte a ti mismo?

Piénsalo por algunos minutos, pues probablemente llevas varios libros que los lees una vez y se quedan guardados en tu estante sin ponerlos en práctica. Me gustaría que este libro fuera para ti el libro que te ayudó a cambiar tu vida, para eso necesitarás hacer el trabajo. Nadie lo hará por ti, tendrás que hacerlo tú mismo.

Te invito a disfrutar esta nueva aventura, además de tu actividad en cada capítulo hay un mandala para colorear con una recomendación de música de fondo, a mí colorear me relaja y la relajación es básica para una vida plena puede que esta herramienta a ti también te sirva, es totalmente opcional. También te dejo un espacio en blanco para que escribas y no tengas que comprar un cuaderno y todo se quede aquí en este libro totalmente tuyo.

Si piensas que no tienes tiempo o espacio para realizar estos cambios, déjame decirte que siempre hay tiempo y es una delicia preparar tiempo para ti. Decidí tomar las mañanas para hacer estas actividades y me dio más energía que tomar cinco tazas de café. No es obligatorio, solo te recomiendo que despiertes más temprano, estoy completamente segura que te va a gustar. Probablemente, has leído que las personas de éxito por lo general comienzan su día a las 5 am, y después de probarlo creo que el despertar e iniciar sus actividades a esa hora es esencial. Además de que le mandas a tu mente la señal de que eres productivo estás más consciente y estarás seguro de que esa hora será exclusivamente para ti. Mientras otros duermen tú te transformas. Intenta relacionar el despertar temprano con que tienes que tomar un vuelo a un nuevo país que te mueres por conocer. No está tan lejos de ser así, no conocerás un nuevo país, pero sí una nueva realidad en la que se encuentra un mejor tú. Recuerda que las primeras horas del día definen tu día, por lo tanto, tus días.

Te felicito y te agradezco, a ti querido lector o lectora te quiero regalar una carta, guárdala en tu corazón. En el espacio en blanco puedes poner tu nombre para que la sientas más personal.

Querid@___________:

Quiero darte las gracias por adquirir este libro, me estás ayudando a cumplir mis sueños y sé que este libro de alguna forma ayudará a cumplir los tuyos. Mi intención para ti es que conectes a un nivel tan profundo contigo que entiendas que no existen limitaciones. Quiero que seas feliz, que encuentres el amor como una respuesta a todas tus preguntas.

Somos energía y estamos conectados, por eso te amo y sé que tu vida va a ser distinta, cambiará tu manera de sentir, de valorarte y de observar al mundo. Eres magia, permítete serlo. Estoy aquí para recordarte quien eres y para que recuerdes que no estás solo, que hay una fuerza superior maravillosa y amorosa que siempre ha estado contigo, te voy a ayudar a conectar con esa energía tan noble para que no solo acudas a ella en momentos de crisis.

Confía en tu potencial infinito y libérate del miedo, abre y expande tu mente. Vamos a vencer el miedo, elevar tu creencia personal y recordarás quién eres. Siente la confianza de que tú puedes crear tu vida a tu manera, que si ya tocaste fondo entonces eres afortunado porque eso te ayudará a convertirte no en la persona que querías sino en la persona que necesitas ser. Será un proceso sanador, podrá doler, pero si asumes el compromiso entenderás que era ne-

cesario, entonces convertirás ese dolor en tu mejor aliado y lo convertirás en una emoción que te impulsará. No eres solamente un cuerpo, no eres solo tus pensamientos, no solo eres tu mente, también eres el universo, no hay separación.

Te invito a contemplar la vida con amor, a tomar el papel de estudiante, para que cada lección sea un aprendizaje.

Por favor no permitas que tu energía caiga, intenta que cada actividad que hagas sea para elevarla, no cedas tu poder con enojo y trata de mantenerte consciente para que puedas disfrutar de esta aventura que llamamos vida. No tengas miedo a decir que no, alejarte de viejos patrones, de personas y hábitos, es lo más espiritual que puedes hacer. Ama a los tuyos, ama a la vida, ama los momentos.

Te invito a tener apertura en todas las áreas de tu vida, que te abras a las posibilidades. Te invito a amarte en todos tus estados y a buscar siempre lo mejor para ti.

De corazón gracias, que disfrutes esta aventura transformadora

Con amor

Tu amiga Mariana

Recomendación: Dibuja este mandala escuchando la frecuencia 432hz

DÍA 1
ERES EL UNIVERSO

"Existen tantos átomos en una sóla molécula de tu ADN como existen estrellas en una galaxia promedio. Somos, cada uno de nosotros, un pequeño universo."
Neil de Grasse Tyson

Seguramente alguna o varias veces escuchaste que es importante pedir y confiar en el universo, sobre todo cuando se trata de la ley de la atracción. Dependerá de cómo tú le llames a aquella energía suprema que mantiene todo el orden y que nos ayuda a cumplir nuestros deseos, algunos le llaman Dios, otros el yo superior, divinidad o universo.

Para este día quiero que te tomes un momento para visualizar el universo ¿Qué hay? ¿Te imaginas las estrellas? ¿Puedes ver los planetas? ¿El sol? ¿Qué observas cuando cierras tus ojos? ¿Qué sientes? ¿Cómo te sientes al visualizar? ¿Te asombra?

Ahora cierra los ojos para visualizar aquello en lo

que crees, en Dios o en aquella energía suprema en la que confías. Permítete sentir al cerrar tus ojos.

Que maravilla ¿Verdad?

Ahora te quiero invitar a que visualices y te imagines como es tu cuerpo, observándote como si tú fueras un universo. En el universo todo es perfecto, todo funciona, los planetas giran y hay armonía. En tu cuerpo también, tu sangre fluye, tus pulmones respiran, tienes órganos, células y cada partícula de tu cuerpo tiene una función. Con esto claro quiero que entiendas que hay algo del universo en ti, hay divinidad en ti. Perteneces a algo más grande que tú que al mismo tiempo también está en ti.

Observa detenidamente tus manos, tócalas, siéntelas. Observa tus ojos en un espejo, hay un mundo dentro de tus ojos. Así como te maravilla el universo debería maravillarte tu existencia, es increíble cómo procesas la información, como surgen en ti pensamientos y emociones.

Considero que con este ejemplo te hará más sentido comprender que si podemos tener todo aquello que deseamos, que si podemos sintonizarnos con el universo, pues somos lo mismo. Somos creadores, por lo tanto, podemos materializar nuestros sueños, no basta solo con hacer decretos afirmaciones, se trata de conectar, conectar con nuestra propia energía que proviene del universo para poder lograrlo. Eso se logra sintonizándonos al mismo nivel de vibración y claro también nuestra parte humana PONER ACCIÓN.

Con este libro te invito a ser lo que realmente eres, abrir tus alas, conectar contigo, conectar con la vida y expandir tu luz. Te advierto que cada día que pase, con cada actividad que hagas te vas a sentir mucho mejor, experimentarás paz, alegría y te sentirás muy diferente.

Por el nivel de vibración que alcanzarás te podrán suceder cosas distintas como: Conocer nuevas personas que aportarán a tu vida, nuevas oportunidades, cambios y cerrarás los ciclos que tengas que cerrar.

Nadie te estará viendo ni observando, este es tu cuaderno de trabajo, permítete sentir ese cambio, déjate llevar. Permite que tu luz se encienda. Todo lo que tú deseas está contenido en una semilla, esa semilla será tu pensamiento, pero recuerda que eres creador así que permítele a esa semilla ser árbol para que pueda crecer. Expándete, conecta, reconoce tu grandeza.

Recuerda que el amor llama al amor, la gratitud llama a la gratitud, todo lo bueno que siembres en ti se te regresará. La magia está dentro de ti y tú cosecharás lo que sembraste.

Fluye con el universo y recuerda que eres la semilla, el fruto y el árbol por eso puedes crear pues tú eres una semilla del mismo universo parte del todo.

- **ACTIVIDAD:**

Como primera actividad escribirás un contrato, un contrato contigo mismo. Pero antes de escribirlo inhala y exhala profundamente tres veces con los ojos cerrados, pon tus dos manos en tu pecho y repite, tres veces GRACIAS, GRACIAS, GRACIAS.

Te escribiré mi contrato, tal cual. Tú puedes hacer el tuyo o utilizar el mío.

Mariana,
Desde el día de hoy 17 de enero de 2021 decido amarme, reconocer mi sombra para convertirla en luz.

Decido recuperar mi poder, soltar todo aquello que mantuvo mis alas amarradas y mi corazón lastimado, me libero del miedo, decido perdonarme y abrazarme. Reconozco que soy parte del universo y que hay una parte del universo en mí, admito que tengo la capacidad de cumplir todos mis sueños, porque soy creadora de mi vida y de mi destino. El universo y Dios están a mi favor porque somos uno.
Gracias
Firma, Mariana.

Este contrato intencionalmente está en el primer día, para que lo encuentres pronto y leas cuantas veces necesites. No te olvides que hiciste un compromiso contigo, no eres lo que otros te dijeron que eras, eres lo que tú decides ser.

Como segunda actividad te regalo una micro meditación, solo lee y al momento de meditar sigue las instrucciones que son muy sencillas.

Antes de meditar, te regalo esta imagen para que conozcas algunas de las posturas en meditación, adopta siempre la que sea más sencilla para ti. Por practicidad recomiendo la meditación sentado, pero siempre será opcional.

MICRO-MEDITACIÓN DE HOY:

Siéntate con la espalda recta, pies tocando el suelo, mano izquierda en tu pierna izquierda y mano derecha tocando el corazón. Vas a cerrar tus ojos y sonreír. Busca la frecuencia 369Hz de Nikola Tesla, puedes tener resultados con solo 10 minutos. Inhala y exhala por tu nariz y procura hacerte consciente de tu respiración. Es una meditación para que sientas esa unión con el universo. Entonces te lo vas a imaginar, trae a tu mente los planetas, las estrellas, las galaxias. Como si fueras un astronauta que está flotando en el espacio. Desde ahí observarás con amor la tierra, que es tu casa. Desde donde estás permítete sentir gratitud, sentir la bendición de estar y ser parte de algo tan inmenso.

Te dejo un par de hojas para que realices tu actividad escrita. Puedes poner música de fondo y hacer el ritual de contrato a tu manera. No te olvides de poner tu firma, es muy importante. Mentalmente, genera la sensación de compromiso y eso es lo que buscamos.

Te mando un abrazo y te deseo un gran día.

Mi contrato

Fecha:

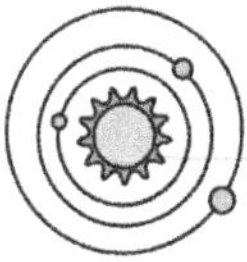

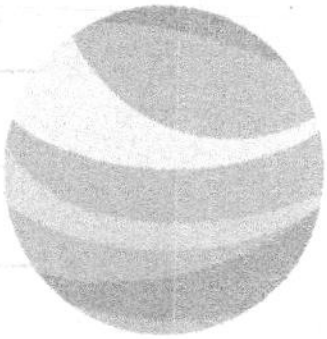

Recomendación: Dibuja este mandala escuchando la frecuencia 528 Hz

DÍA 2
EL PENSAMIENTO

"Te conviertes en lo que piensas la mayor parte del tiempo" Brian Tracy

¿Qué decides pensar? El pensamiento es el inicio de todo, cada artefacto que hay en el mundo viene de un pensamiento. En lo que piensas te conviertes, aquello que sientes lo atraes y lo que imaginas lo creas.

Naturalmente, nuestra mente tiende a fabricar miles de pensamientos en el día, la mayoría de estos son negativos. El estrés, la ansiedad y el miedo vienen de la misma raíz, de un pensamiento generado por la mente. Responsabilizamos al entorno por todo lo que acontece en nuestra vida, decimos estar estresados por el trabajo, que nuestra ansiedad viene de la responsabilidad tan grande que implica ser padre, o la preocupación viene por no tener dinero, etc.

Con un ejemplo muy sencillo te diré qué tan importante es la mente. Imagina que tú eres un edificio, un edificio muy alto puesto en un desierto. Para fabricarte empezaron en el piso uno, no excavaron para formarte, no tienes una base simplemente del primer piso hacia arriba. Entonces un día de viento llega un hombre y se recarga en ti, tú te caes. ¿Fue culpa del hombre? ¿Fue culpa del viento? No, el motivo es que no había bases sólidas así que cualquier tempestad hará que caigas.

La calidad de tu vida dependerá de la calidad de tu mente, y la calidad de tu mente es determinada por tus pensamientos. Nuestros pensamientos tienden a buscar dos estados, el futuro o el pasado y cuando los pensamientos se van en automático a esos tiempos tienden a ser negativos.

Si mi mente sin que yo lo decida se va al pasado, vendrá la tristeza, la depresión, la nostalgia. Si mi mente sin que yo lo decida se va al futuro, me sentiré ansioso, con miedo al futuro, inquieto.

Esas son trampas de la mente, empiezo por aquí porque antes de tener es importante ser, si tú empiezas a pedirle al universo por cosas materiales si tu mismo no estás bien, no disfrutarás ninguna de las cosas que lleguen a tu vida. Si tú en este momento no aprendes a ser feliz con lo que tienes, no vas a ser feliz con lo que te falta.

Te pido que por un momento cierres tus ojos, recuerda el momento más feliz de tu vida, recuérdalo a detalle. Trae a tu mente ese momento, los colores, aromas y las personas que estaban ahí. Recuerda ese momento antes de pasar al siguiente párrafo, hazlo ahora.

Ese momento lo disfrutaste porque estabas presente, porque estabas ahí, disfrutando de cada detalle. Una forma de detener los pensamientos negativos o ese parloteo mental es conectando con el presente y es muy sencillo hacerlo.

Te pregunto ¿Qué es lo primero que hiciste al nacer? ¿Lo tienes? Inhalar, es lo primero que hiciste. ¿Qué es lo último que harás antes de morir? Exhalar, ahí está la vida en la respiración. Es así como nos conectamos. Cuando sientas que hay muchos pensamientos negativos bombardeando tu mente basta con respirar conscientemente. Cierra tus ojos y respira, cuantas veces necesites, a la tercera te sentirás mucho mejor. Con mayor claridad.
Respira, conecta y tranquilízate.

La vida ocurre al momento, en tiempo presente. Intenta disfrutar cada día más, cada momento más. Cuida la calidad de tus pensamientos pues es lo que determinará la calidad de tu vida. Tú puedes pensar en pasado, pero intenta pensar cosas que te den herramientas para sentirte mejor, recuerdos que te ayuden, no busques o indagues en aquello que te haga sufrir. También puedes ir al futuro, visualizando e imaginando la vida que deseas.

- **ACTIVIDAD:**

Las actividades de hoy son simples y se dividen en tres, es para poner en práctica todo lo aprendido.

*<u>*Actividad 1:*</u> Trae a tu mente un recuerdo que te haga feliz. Recuerdalo a detalle y escribe el motivo:

I was sitting in my mothers living room couch; it was dark and late at night. my 2 year old daughter was standing and leaning against me. She looks over at me and said, "thank you". We had just celebrated her 2 year old mickey mouse birthday theme party. The fact that she understood and comprehended her party and shared her gratitude made me feel of happiness.

**Actividad 2*:*Vas a cerrar tus ojos inhala y exhala profundo tres veces por la nariz. Abrirás tus ojos y trata de observar a detalle el lugar en el que estás, con una actitud de gratitud. Si es al aire libre agradece el cielo y todo lo que te rodea. Si es en tu casa agradece por tener un lugar para descansar. Observa cada detalle del lugar y siéntete dichoso con lo mucho o poco que hay. Escribe aquí lo que observas.

I observed a beautiful dresser. My two bibles, my flat screen TV that I never imagined technology would bring us here and owning one. A walking pad which I would have never thought of owning because I didn't find a need to even have one. Peaceful room. Clean room. Happy Space.

**Actividad 3 MICRO-MEDITACIÓN*:

(En esta meditación si es importante permanecer sentado para simular el cine)

Siéntate en un lugar cómodo con la espalda recta, no olvides relajarte con la respiración. Ahora te vas a imaginar en el cine y en la pantalla van a proyectar el tráiler de tu vida, trata que sea lo más detallista. Es la película de tu vida, con todas tus metas cumplidas, eres feliz, estás rodeado de tus seres queridos. Y no te limites en esa película, hazla lo más épica posible. Para eso lo vas a acompañar con

música. Corre por tus audífonos y sube el volumen, busca la canción de ENYA- ONLY TIME.
Sonríe y agradece porque ya es tuyo, ya es un pensamiento, entonces ya es una realidad.

Disfruta tu día y tu vida, te mando un abrazo con todo mi amor. Gracias por ser tú.

Recomendación: Dibuja este mandala escuchando la frecuencia 963 Hz

DÍA 3
LA COHERENCIA

"Comienza a verte como un alma con un cuerpo en lugar de un cuerpo con alma" Wayne Dyer

Si deseas tener una vida feliz, plena y disfrutar cada instante es muy importante tener un cuerpo sano, para tener un cuerpo sano es muy importante tener conductas sanas. Para disfrutar al máximo la vida es crucial tener coherencia en todo lo que hacemos. Coherencia entre la mente, la conducta y los sentimientos, ser íntegros con nosotros mismos. Si aún no eres coherente, es momento de tomar el compromiso y hacerlo ¿Quieres una vida feliz? Inicia por sembrar pensamientos y sentimientos positivos ¿Quieres tener un cuerpo saludable? Empieza a ejercitarte y comer bien ¿Quieres mayores ingresos? Comienza a buscar oportunidades.

En otra cuestión en la que considero fundamental tener coherencia es entre el cerebro y el corazón, nos han dicho que escuchemos a nuestra mente o que escuchemos al corazón, pero se pueden las dos. Armonizar el cerebro y el corazón es la base de la conexión con tu máximo potencial.

Para la cultura occidental el cerebro es la base de todo, para otras culturas es el corazón ¿Qué pasaría si pudiéramos unir ambos? En mi interés por entender esta conexión acudí a distintos libros y estudios, entre ellos encontré aportaciones muy importantes de personas como Joe Dispenza y Gregg Barden. En sus estudios encontraron que el corazón no solo se encarga de bombear la sangre, también tiene miles de neuronas llamadas neuronitas sensoriales que funcionan como pequeños cerebros.

Tú puedes unir el cerebro y el corazón, existe la coherencia cardio cerebral. Al existir esta conexión, te puedes tranquilizar, autorregular y encontrar paz. Además de eso conectas directamente con tu intuición. Puedes sanar recuerdos, conectar con la parte más profunda de ti. Si tú aprendes esto desde un inicio te será mucho más sencillo profundizar con tus visualizaciones y afirmaciones. Además de que mejorará tu salud pues al tener estos niveles de paz se desencadenan miles de reacciones bioquímicas positivas, es verdad que tú puedes sanar tu cuerpo, físico y mental.

Esta técnica ha sido utilizada por monjes tibetanos para autorregularse y profundizar en meditaciones. Es sencillo y lo puedes hacer todos los días, es una meditación sencilla pero muy potente. Te recomiendo que a partir de hoy lo hagas todos los días y para el resto de tu vida. No te tomará más de 10 minutos aunque te aseguro que buscarás hacerlo por más tiempo. Consiste en 3 pasos y te los explico en la actividad, ya que es la actividad que harás el día de hoy. Puedes hacerlo por la mañana para que tengas días más felices y productivos.

Actividad:

Meditación de coherencia de mente y corazón:

Paso 1: Acomódate en una postura cómoda, te puedes sentar, poner la espalda recta y las manos sobre las rodillas, tus pies tocando el piso sin zapatos. Cierra los ojos y lleva tu mano derecha al corazón.

Paso 2: Vas a respirar lentamente, cada vez más lento. Inhala por cinco segundos y exhala de igual forma en cinco segundos. Hazlo así al menos 15 veces, te vas a sentir muy tranquilo, en paz.

Paso 3:Para establecer esa conexión es muy importante llevarte a un estado de gratitud, trae a tu mente momentos agradables y agradece, el rostro de las personas que amas y agradece, todo lo que te haga sentir gratitud llévalo a tu mente. Disfruta este momento y este estado por el tiempo que tú quieras. Cuando sientas que es el momento abre tus ojos.

ACTIVIDAD 2

Esta actividad es para que tengas un panorama más amplio de tu vida y detectes en qué áreas te hacen falta mejorar para que así tu crecimiento personal sea auténtico. De cada área vas a analizar qué estás haciendo mal y vas a escribir como mejorarlo. Entre más específico y más áreas pongas será mejor, serás consciente y responsable, por lo tanto, te será más sencillo reparar tu vida.

Tómate tu tiempo, te dejo algunas líneas para que lo escribas.

Ejemplo:

Físico: *No estoy haciendo actividad física y como lo que me encuentro. Para mejorarlo puedo empezar por hacer 30 minutos de ejercicio al día, tomar más agua, consumir más frutas y verduras, dejar a un lado la comida chatarra, refrescos y cerveza.*

Pareja: *Estoy peleando constantemente con mi pareja, no lo tolero mucho ni él me tolera a mí. Para mejorarlo puedo ser más amable, intentar escuchar, buscar momentos de conversación sin reprochar. Si esto no mejora buscaré otras opciones que me traigan paz.*

Mental: *Estoy permitiendo que pensamientos negativos me hagan sentir angustia o ansiedad, me siento intranquilo. Para mejorarlo procuraré dejar de prestarles atención. De forma consciente tendré pensamientos positivos que me hagan sentir mejor. Me apoyaré de técnicas sencillas como la respiración para llevar mi mente al momento presente.*

Relaciones: *Me cuesta mucho trabajo decir que no en cualquier relación, pareja, amistad o familia. Eso provoca que termine haciendo cosas que no quiero hacer, me siento incómodo y, por lo tanto, afecta a mi estilo de vida. Empezaré aunque me cueste a practicar él NO. Entiendo que algunas personas podrán molestarse, pero estoy buscando mi paz.*

Economía: *En estos momentos no estoy generando el*

dinero necesario para soportar mi estilo de vida, prácticamente estoy viviendo al día. Comenzaré a revisar mis finanzas, para así saber cuanto tengo, cuanto debo y en qué estoy gastando más. Al mismo tiempo buscaré fuentes distintas de ingresos. Me haré consciente de mis entradas y salidas del dinero y me pondré en modo alerta. Ya no me fijaré en lo que no tengo, estaré pendiente de hacer que el dinero llegue a mi vida. Agradeceré todo lo que tengo que es mucho.

Ahora es tu turno. Intenta que sea un momento muy sincero y no te limites. Esta actividad necesita ser muy profunda y concisa pues son las bases para que comiences a hacer mejoras en tu vida

¡Bien Hecho! Trabajar en uno mismo es dejar de esperar que otros cambien.
Que tengas un día muy feliz, te mando un fuerte abrazo.

Recomendación: Dibuja este mandala escuchando la frecuencia 888Hz

DÍA 4
LAS AFIRMACIONES

"Repetir afirmaciones te lleva a creer, cuando esa creencia toca lo más profundo de ti comenzarás a ver la magia" Mariana Soto

Las afirmaciones positivas son mensajes que nos damos en primer lugar a nosotros mismos y que nos ayudan a cambiar nuestros pensamientos para que sean de mayor provecho. En segundo lugar, son mensajes que mandamos al universo para atraer aquello que deseamos.

Esas frases, o palabras como les quieras llamar, si se hacen constantemente se convierten en un programa mental que poco a poco lograrán sacar la mejor versión de nosotros mismos. Además de elevarnos a una frecuencia alta y equilibrarnos al nivel de la divinidad. Cuando las hacemos parte de nuestra vida nos sentimos tan positivos que dejamos de perturbarnos y es así que nos atrevemos a romper cualquier límite y reprogramar nuestra mente.

Si no lo crees te invito a que expandas tu mente y lo intentes. Por un momento alejate de los prejuicios e incluye las afirmaciones positivas en tu vida. Si tú antes de hacer tus afirmaciones intentas conectar con tu interior como lo hicimos el día 3, que es el día anterior a este, te será mucho mejor.

Te voy a enseñar a escribir tus afirmaciones, una vez que las tengas puedes acudir a ellas cuantas veces lo necesites, comienza a armar tu rutina. Unos minutos de meditación en conexión mente y corazón, además de lectura de afirmaciones son la dupla perfecta.

Como herramienta poderosa te recomiendo que después de escribir tus afirmaciones grabes tu voz, con mucha intención y emoción. Puedes hacerlo con la grabadora de tu celular. Así con tus audífonos podrás escucharlas para empoderarte en momentos importantes o como parte de tu día en trayectos, al maquillarte o hacer alguna actividad como cocinar.

Las afirmaciones se hacen en tiempo presente, inyectándole una emoción. Repítelas como si ya tuvieras aquello que estás afirmando. No funcionan como por arte de magia, lo que hace es que eleva tu frecuencia y hacen que hagas lo que tengas que hacer para lograrlo, en esta parte entra tu acción. También te ponen en esas situaciones de oportunidad, es aquí donde entra el universo. Las afirmaciones te ayudan a abrir los ojos y mantenerte atento, es muy importante que junto a las afirmaciones hagas tu parte y que realmente creas en ellas. Te comparto algunas afirmaciones que han sido muy poderosas para mí.

Yo soy una persona que ama vivir

Yo soy ordenada y disciplinada.

Yo soy un imán para las situaciones y personas positivas

Soy un ser abundante capaz de conseguir todo aquello que me proponga

El dinero y las buenas oportunidades llegan a mí con facilidad

Gozo de buena salud.

Estoy rodeada de amor.

Mis emprendimientos y proyectos tienen éxito.

Tengo paz y amor en mi corazón.

Soy capaz.

Tengo el poder de triunfar

Merezco lo mejor y lo acepto

Tengo claridad mental

Dejo ir aquello que ya no me sirve

Elijo ver oportunidades

Mis pensamientos positivos son mi realidad.

Tengo el poder de crear la vida que deseo.

Tengo una mentalidad próspera y abundante.

Estoy a salvo.

Te recomiendo de todo corazón que lo hagas, sin miedo ni vergüenza es un momento exclusivo para ti, así que puedes decirte todas las cosas bellas que te quieras decir, es un momento para fortalecer tu autoestima, un momento que te estás regalando.

Piensa en un momento en aquellas situaciones de tu vida que te gustaría mejorar ¿Te gustaría mejorar tu relación con el dinero? ¿Desearías tener mejores relaciones? ¿Deseas mejorar tu relación contigo mismo? Tú puedes hacer tus propias afirmaciones basadas en aquellas áreas que quisieras mejorar, cuida también que esas afirmaciones sean compatibles con tus valores para que se adapten totalmente a ti.

Las afirmaciones positivas también te pueden ayudar a atravesar por situaciones difíciles. Hace algunos años me encontraba en una relación tóxica, un trabajo que no disfrutaba y lidiando con la muerte de mi abuelo materno, una figura muy importante para mi. Las afirmaciones me ayudaron a sentirme fuerte, empoderada. Dejé esa relación que me estaba lastimando, cambié de trabajo y me mentalicé para llevar el duelo de la mejor forma.

Para que hagas tus propias afirmaciones es importante:

- Intención: Que tenga una intención, que comprendas que generará un resultado positivo y que al mismo tiempo te desapegues de ese resultado.
- Que esté tiempo en presente y en primera persona: Escríbela como si ya estuviera sucediendo y escríbela para ti, como ejemplo “Me siento feliz” “Soy una persona disciplinada que cumple sus ob-

jetivos".

- Busca que sean concretas y contundentes. Intenta sentir esa afirmación ¿Qué emoción te genera estarla cumpliendo?

Visualízate ¡Realmente visualízate!
Repítelas todos los días.

Realmente le tengo mucha fe a las afirmaciones, pues me han ayudado sobre todo a cambiar mi pensamiento. Ya no pienso que todo va a salir mal como lo hacía antes, ya no me engancho con los pensamientos negativos, y sobre todo ya no me juzgo ni soy mi peor verdugo.

Es cuestión de tiempo atraer situaciones que vibren en esa frecuencia. Las afirmaciones son semillas, la repetición de las mismas es el agua que las va a ir alimentando, si tú las sigues repitiendo y adaptando a tu sistema de creencias saldrá un gran fruto del cual gozarás.

Las afirmaciones positivas son un método probado y muy utilizado en el desarrollo personal, se utilizan por tener la capacidad de reconfigurar nuestra mente. Estos mensajes tienen la capacidad de elevar nuestros niveles de oxitocina y dopamina que son conocidas como las hormonas del bienestar.

Las afirmaciones positivas son un acto de fe, que puede realmente cambiar tu vida, hazlas hábito es cuestión de tiempo, te mantendrán con enfoque y encontrarás la forma para que se hagan realidad.

Te comparto una frase que resume el poder de las afirmaciones

"En lo que piensas te convierte, lo que sientes lo atraes y lo que imaginas, lo creas" Buda

- **Actividad:**

Tu actividad en base a lo que aprendiste es realizar tus afirmaciones, como mínimo 15 e intenta que abarquen todas las áreas de tu vida. Te dejo un espacio para que las escribas.

Mis afirmaciones

Mis afirmaciones

Recomendación: Dibuja este mandala escuchando la frecuencia 852hz

DÍA 5
TU PASIÓN

"Si no puedes encontrar tu propósito, encuentra tu pasión porque tu pasión te guiará hacia tu propósito." T.D. Jakes

Un gran porcentaje de la población no disfruta su trabajo o profesión y si les dieran la opción de trabajar en algo más tampoco sabrían que elegir. Si te pones a pensar las elecciones más grandes de la vida ocurren en una edad en la que tenemos poca madurez como: Elegir una carrera, la elección de pareja para casarte, los hijos.

Vivimos tan de prisa que tomamos muy a la ligera esas decisiones, no nos damos la oportunidad de profundizar, no nos permitimos hacer una pausa. Vamos a toda velocidad y no paramos para reparar.

¿Alguna vez te preguntaste? ¿Tiene sentido lo que hago? ¿Cómo quiero pasar el resto de mi vida? ¿Me siento satisfecho? ¿En qué soy bueno? ¿Realmente estoy en control de mi vida?

Insistimos en buscar afuera lo que ya hay adentro. Una parte fundamental de la autorrealización es encontrar tu pasión, si ya la encontraste entonces te puedes considerar una persona exitosa. Ya encontraste eso que te hace fundirte con el tiempo. Una pasión es eso que harías aunque no te pagaran. Trata de quitar por un momento todo lo que la sociedad, tu familia o tus padres esperan de ti. Si algo te gusta, aunque no seas bueno comienza ahora. Tu pasión te persigue y si no lo estás haciendo te sentirás frustrado.

En la escuela no nos educaron para perseguir nuestras pasiones. Una pasión es algo que te mueve, que te impulsa y que no necesariamente eres bueno, te harás bueno en ello con el tiempo, con la constancia, la dedicación y quita tus expectativas, solo comienza.

No confundas la pasión con el dinero o vivir

de tu pasión, también quítale esa carga. No es lo mismo alimentar tu estómago que alimentar tu alma. Puedes vivir de un trabajo con la mentalidad de que sea un trabajo estratégico y ser muy feliz.

Si en este momento te encuentras en una crisis existencial, déjame decirte que las crisis existenciales son lo mejor que te puede pasar, es el momento ideal para renacer.

Actividad:
Tranquilamente tomate el tiempo para responder estas preguntas, se lo más honesto posible, contesta de todo corazón.
¿Qué es aquello que más te gustaba hacer cuando tenías entre 7 y 12 años?

¿En qué actividad que realizas AHORA se te pasa el tiempo sin darte cuenta y disfrutas por horas?

¿Por qué actividad te gustaría ser reconocido?

¿Si te pudieran dar un premio por esta actividad cuál premio sería? (Ejemplo: Un Oscar, un Grammy, un Pulitzer, Nobel, Cervantes, etc)

¿Qué temas te atraen más?

¿Qué estarías haciendo si el tiempo y el dinero no fueran un problema?

¿Cuál es tu conclusión sobre tu pasión o pasiones?

***Ahora haremos una micro meditación. Esta realmente es muy cortita pero muy poderosa.**

Vas a sentarte cómodamente, cerrarás tus ojos, tus brazos abiertos como cuando estás a punto de abrazar a alguien. Respira, siente como entra y sale el aire de tu pecho por tu nariz. Ahí mismo cuando ya sientas la relajación en tu mente vas a decir. Querido Universo. Gracias por enseñarme cuál es mi pasión, gracias por regalarme dones y alegría por la vida. Me siento en paz, me siento feliz y me siento ligero. GRACIAS, GRACIAS, GRACIAS. Puedes repetir estas palabras cuantas veces quieras en tu mente.

Eso fue todo por hoy, de todo corazón espero que tengas un día en el que te sientas consciente, agradecido y provechoso.
Te mando un abrazo, te quiero.

Recomendación: Dibuja este mandala escuchando la frecuencia 888Hz

DÍA 6

VISUALIZAR

"El universo te dice, muéstrame tu vibración y yo te mostraré los milagros" Anónimo.

Llegó el momento de visualizar, este día en especial lo considero uno de el día con más magia. Por lo general no obtenemos lo que queremos porque no sabemos qué es lo que queremos. Ahora lo vamos a descubrir. Si sientes que tienes algún bloqueo esta actividad te puede servir. Vamos a escribir una carta al universo, hazlo como todo un ritual.

Busca un momento a solas, si puedes ve por una vela, aromatiza el lugar y busca música de frecuencias busca la frecuencia 888Hz que está relacionada con la abundancia. Antes de empezar a escribir permítete elevar tu vibración, disfruta del sonido, de la vela, de los aromas. Si puedes prepararte un café, té o una copa de vino, cualquier bebida de tu preferencia. Es un ritual para ti, eres tú en conexión con el universo, con tu divinidad.

Saca papel y pluma, comienza a escribir. A mí me gusta iniciar como se inician las cartas. Querido universo:

Te comparto que de esta forma manifesté mi vida, la primera vez que me di cuenta del detalle con el que todo lo que pedí se cumplió, me llevé una grata sorpresa. Eso me llevó a querer escribir este libro. Esta información la tienen que conocer más personas, podemos tener un mundo lleno de personas felices cumpliendo sus sueños.

Recuerda hacerlo en tiempo presente, agradeciendo por lo que sucedió y cómo te sientes. Las emociones son lo más importante.

Te daré un ejemplo.
Supongamos que deseas encontrar el trabajo y pareja de tus sueños, entonces lo pondrás de esta manera.

Querido universo.
Me siento muy feliz y agradecida por mi nuevo trabajo, me siento realizada, feliz, valorada y bien remunerada porque estoy trabajando en lo que me apasiona y me permite desarrollar mis talentos. También te agradezco porque me siento

muy enamorada, plena y tranquila con la pareja que tengo, agradezco su nobleza y fidelidad.

Entre más detalle pongas, mejor será el resultado ¿Cómo quieres a esa pareja? ¿Cómo son las oficinas de ese trabajo? ¿Lo haces de forma remota? Recuerda, los detalles importan mucho.

Después de escribir la carta la vas a leer, permítete emocionarte con cada letra que está ahí escrita. Graba tu voz leyendo esa carta, acude a ese audio cuando quieras. No es obligatorio grabarlo, pero a mí me funciona mucho mejor, ya que soy una persona auditiva y que al mismo tiempo hace muchas actividades, entonces me ayuda.

Regálate este momento, si quieres cerrar tus ojos e imaginar todo a detalle está bien, entre más vivas ese sueño estará más cercano a ti. Una de mis mentoras, Tatiana Arias dice que si tu corazón lo soñó ya es tuyo y así será.

Guarda esa carta, no olvides que la escribiste. Meses después podrás leerla y te darás cuenta cómo se van a ir cumpliendo tus anhelos. Se siente tan bien leerla y saber que lo estás logrando, que la vida no es para sufrir, que solo necesitas dejarte fluir, gozar, vivir, accionar, también es bonito poner acción, trabajar por tus metas.

A ti que estás leyendo este libro, que estás realizando todas las actividades, de corazón te digo que deseo que todo se te cumpla. No te conozco, pero sé que te quiero, te aprecio por tener el valor de cambiar tu vida, de buscar más allá de la mente, no es casualidad que este libro esté en tus manos, gracias por estar aquí.

Te dejo tu espacio para escribir esa carta.
¡Que lo disfrutes!

¡Eres muy valiente! Te mando un abrazo y todo el amor del universo.

Recomendación: Dibuja este mandala escuchando la frecuencia 432hz

DÍA 7
GRATITUD

"La gratitud es riqueza, la queja es pobreza" Doris Gray

¿Qué te puedo decir sobre la gratitud? La gratitud realmente es mágica para cambiar tu vida. Cuando tú agradeces suceden muchas cosas a la vez, y te pondré algunas en lista.

1) *Conectas con tu presente, pues estás valorando lo que si tienes. Te das cuenta que si tienes lo esencial para vivir.*

2) *Valoras a tus seres queridos y a ti mismo*

3) *Te das cuenta de lo maravilloso que es el mundo y todo lo que ofrece la vida.*

4) *Te mantienes en un estado positivo*

5) *Las situaciones positivas llegarán a ti con facilidad pues estás vibrando en una frecuencia alta.*

6) *Conectarán mejor con otras personas pues tendrás buen humor, podrás sentirte más tranquilo, relajado y feliz.*

7) *Aquellas cosas que antes te molestaban o te hacían enojar fuertemente ya no lo harán más, pues poco a poco con la gratitud encontrarás "tu centro"*

Los beneficios son muchos y cada quien los experimenta a su manera, si tú combinas la meditación con la gratitud créeme que tu vida será mejor.

Te recomiendo tener un diario de gratitud, es muy sencillo hacer uno. Compra cualquier cuaderno, escribe todos los días por la mañana 10 cosas por las que estés agradecido y lee esa misma lista por la noche. Te darás cuenta de que cada día será más fácil escribir.

Piensa por un momento... No agradecemos y realmente somos muy afortunados. Sonará a cliché, pero cada día es un regalo, despertar es una bendición. Si estás leyendo este libro significa que tienes internet o los medios para tener al menos lo básico como alimento, vestido y puedes darte el lujo de un libro.

¿Te has puesto a reflexionar? Tienes la oportunidad de bañarte, tienes agua limpia, probablemente una casa, aunque sea de alquiler. Tienes comida, puedes vestirte, tienes zapatos.

Piensa en todas aquellas personas, situaciones y cosas buenas que te rodean ¿Realmente lo valoras? Y algo aún más importante ¿Valoras a esas personas? ¿Les agradeces lo que hacen o han hecho por ti? No es tarde, puedes llamar a esas personas y agradecer, por su amistad, por su amor, por su tiempo o por lo que tú quieras. Si ya no están vivos solo cierra tus ojos, no es tarde puedes hacerlo.

Ahora reflexiona en todas las bendiciones que te rodean y cierra tus ojos por un momento.

Solo agradecemos por lo bueno, pero también es importante y nos hace crecer cuando agradecemos por las lecciones, por aquellas situaciones dolorosas. Te comparto que justo hoy que estoy escribiendo este capítulo me encuentro sensible, ayer falleció mi abuelo paterno y agradezco que se me dio la oportunidad de conocerlo, compartir mi vida y momentos con él. Agradezco a mi abuelo desde mi corazón por regalarme un padre maravilloso, le agradezco su fortaleza y su buen ejemplo. También me hace agradecer por hacerme consciente de que todos vamos a morir en algún momento, hay que saborear y disfrutar la vida.

No vale la pena vivir con presiones, amargura, o emociones negativas. Aunque suene crudo, vivas como vivas te vas a morir ¿Qué prefieres? ¿Una vida valorando, amando, en paz y armonía o una vida de enojo, frustración y queja?

Por favor, te recomiendo desde el fondo de mi alma que dejes de quejarte con las personas con las que convives, que dejes de reprocharles todo aquello que "no hacen" y les reconozcas lo que sí hacen. La actitud de ellos hacia ti será distinta, su dinámica será otra y su relación poco a poco se reparará. La gratitud puede salvar relaciones, inténtalo.

Todas las noches antes de dormir le agradezco a mi novio por ser como es, por estar conmigo, por esforzarse para tener una bonita relación y él lo hace también. Nos agradecemos incluso las pequeñas cosas como “gracias por lavar los trastes”, “gracias por tu paciencia en tal situación”.

De verdad agradecer es el regalo más grande que me pude dar, me hace sentir que la vida fluye. Valoro mi vida y cada momento. Si lo comienzas a hacer te darás cuenta de que poco a poco tu diario de agradecimiento estará lleno de agradecimientos simples, pero eso y así es la vida “simple”, lo simple hace a la vida bonita. Como “Gracias porque existe el café” “Gracias porque el clima estuvo delicioso el día de hoy”, “Gracias por esa cucharada de Nutella”, “Gracias porque me quedó deliciosa la comida”.

Actividad:

Escribe 10 cosas por las que te sientes agradecido, y al terminar siente esa gratitud dentro de ti. A partir del día de hoy al último día. Todos los días pondrás 10 agradecimientos. Puedes poner hasta lo más sencillo como “Agradezco la sonrisa del niño del semáforo" hasta por tu casa, por el viento, el sol… Todo.

1)

2)

3)

4)

5)

6)

7)

8)

9)

10)

Esta es tu primer semana y te felicito.

Gracias por intentarlo. Con amor te abraza tu amiga Mariana.

Recomendación: Dibuja este mandala escuchando sonidos de la naturaleza como el mar o un río.

DÍA 8
FLUIR

"Lo que no dejas ir, lo cargas. Lo que cargas, te pesa y lo que te pesa ¡Te hunde! Hoy practica el arte de soltar, perdonar y dejar ir" Anónimo

Para mí fluir es viajar ligero y viajar ligero es perdonar. El perdón, tan simple y complicado a la vez. Perdonar es dejar de buscar afuera en el mundo la causa de mis problemas y escarbar dentro de mí. Es probable que en tu mente tengas la imagen de algunas personas que "te hicieron daño" o que consideras responsables de alguna situación desagradable en tu vida.

Tal vez a la persona que aún no perdonas es a ti mismo y eso es aún más complicado. Porque cargas con la víctima y el victimario, entonces no te permites fluir. Cuando aprendes a perdonarte te estás dando uno de los mejores regalos que te puedes dar. Pues automáticamente sentirás paz. Es un acto de humildad que trae a tu vida un crecimiento personal COLOSAL. Para mí el perdón fue el inicio del camino al amor propio.

El principio es básico, todos cometemos errores pues somos alumnos en esta vida, entonces la pregunta sería ¿Vas a cargar con ese error toda la vida? Es muy cansado ¿No? Perdonarse a uno mismo no significa que te estás justificando, es aceptar el error, aprender de ello y reparar para no volver a cometerlo.

Perdonar es profundo y no necesitas que te pidan perdón para perdonar, es un regalo que te das a ti, es para traer paz a tu vida. Perdonar no es para ponerte una coraza y hacerte duro, porque ser duro es muy distinto a ser fuerte. Una persona dura oculta su dolor o evade situaciones como por ejemplo alguien que tuvo una mala relación en la que "sufrió" mucho evita relaciones o darse la oportunidad de un nuevo matrimonio. Una persona dura está llena de miedos y emociones negativas que no se atreve a enfrentar. En cambio, una persona fuerte se permite ser vulnerable, acepta y sabe por lo que pasó y entiende que ese bache solo formaba parte del camino.

Perdona y pide perdón si algo hiciste o crees que lastimaste a alguien con o sin intención, ese acto también es un regalo para ti. Perdonar, pedir perdón y perdonarte libera. Te hace crecer, caminas más ligero y dejas de arrastrar cosas que ya no te pertenecen.

Esperar a que alguien te pida perdón es permanecer en el victimismo, recuerda bien que no los estás perdonando porque ellos quieren, los estás perdonando para liberarte a ti. Si esperas disculpas de "tu jefe malvado" de tus "malos padres", de tu ex que se llevó a los hijos, de lo que sea... Te vas a quedar ahí esperando. La gente no va a hacer lo que tú quieras que hagan, además nadie "nos hace" cosas, nosotros decidimos si nos las hacen.

Esperar "disculpas" es dejarte manipular por la trampa del ego y de esa trampa solamente podrás salir tú, pues tú la pusiste.

Que quede bien claro, que si suceden situaciones que nos generan dolor, que si hay personas que tenían intención de lastimarnos y lo lograron, no lo niego. Negar también es reprimir, lo que no te puedes permitir es quedarte ahí y perderte de la vida por quedar atrapado en la víctima.

Atrévete a soltar, atrévete a perdonar, a vivir este acto de amor propio. En cuanto a perdonarse a sí mismo ¿Qué caso tiene rechazarlos y juzgarnos por algo que ya pasó? Perdónate, haz las paces contigo. Tienes la oportunidad de hacer "borrón y cuenta nueva" con tu vida.

Si nos ponemos más profundos perdonar es aceptar que alguien nos hizo algo y eso es tomarlo personal, darle el control de nuestra vida a alguien más ¿Entonces? No hay nada que perdonar. Simple "Nadie me hace nada porque yo no lo permito, por lo tanto, no hay nada que perdonar"

- ACTIVIDAD

Escribe aquí una lista de todas aquellas cosas que crees que necesitas perdonarte, te voy a poner un ejemplo:

1) *Me perdono por todas las veces que me permití quedarme en una relación que me estaba lastimando.*
2) *Me perdono por dejarme en último lugar*
3) *Me perdono por ser tan dura conmigo misma*
4) *Me perdono por no tener constancia*

Déjate fluir, escribe todo aquello con lo que estás cargando. Reflexiona por unos momentos, puedes irte por etapas. Recuerda que te perdonas de tu niñez, adolescencia, etapa adulta.

Me perdono por:

Ya que lo tienes claro, suelta. Por unos minutos lee de nuevo todo lo que escribiste, llévate una mano al corazón y perdónate. También permítete sentir agradecimiento. Estás avanzando y MUCHO.

Actividad 2

Este día es un poco más largo de lo habitual en cuanto a las actividades. Lo más importante era que te perdonaras tú. Ahora vamos con aquellas personas y situaciones. Junto al nombre de la persona o de la situación vas a escribir la lección que te dejo, descubrirás él ¿Para qué? Todo pasa en la vida por alguna razón, todo llega porque así tenía que ser. Piensa el motivo por el que sucedió de esa forma, que te regaló de lección. ¿Tal vez sucedió para hacerte más fuerte? ¿Eres ahora más maduro? ¿Valoras tu vida? ¿Te valoras a ti? ¿Valoras tu tiempo?

Después en mayúsculas escribirás. TE PERDONO Y AGRADEZCO LO APRENDIDO.

Ejemplo:

Carlos: Aprendí a valorarme más, entendí que no necesito dar absolutamente todo lo que hay en mí para sentirme querida. TE PERDONO Y AGRADEZCO LO APRENDIDO

¿Cómo te sentiste? El perdón tiene la capacidad de borrar aquello que el tiempo no pudo. Definitivamente, no cambia el pasado, pero te hace viajar más ligero en el futuro.

- **No olvides tus 10 agradecimientos**

1)

2)

3)

4)

5)

6)

7)

8)

9)

10)

Gracias por seguir aquí, por llegar hasta este capítulo. En verdad te felicito y estoy segura de que te sientes mucho mejor. Te abrazo con mucho cariño y te deseo un gran día.

Recomendación: Dibuja este mandala escuchando la frecuencia 528Hz

DÍA 9
EL AMOR PROPIO

"Amarte no es solo aceptarte como eres, también es construirte como quieres" Anónimo

El amor está en todos lados, pero el primer lugar en el que debe habitar para que tengas una vida plena, feliz y abundante es en ti. Amarte a ti mismo es hacer de tu felicidad una prioridad.

Para amarte es necesario conocerte a ti mismo, no estoy hablando de saber tu nombre y apellidos, o sobre tu comida o película favorita que eso también forma parte. Me refiero a esas partes de nosotros que nos cuesta trabajo aceptar y que al ser mencionadas por otros nos hieren.

¿Pero por qué es necesario conocerme y saber quién soy para ser feliz? Si te conoces, sabes que es lo que deseas, lo que te gusta de ti y lo que no para poder limpiarlo. Al saber lo que quieres, lo buscas, por lo tanto, eres feliz, obtienes un éxito personal así de simple.

Si no te conoces, puedes correr el riesgo de terminar en un trabajo que no te gusta, una relación que no te llena y una vida que no te satisface.

¿Qué es eso que te daña? ¿A qué te resistes? ¿A qué le temes? ¿Cómo es tu personalidad? ¿Cuáles son tus sueños? ¿Conoces tus cualidades? ¿Dejas salir tus emociones o las reprimes?

Es con nosotros con quien más tiempo pasamos y nos conocemos poco, esto sucede por las distracciones no nos atrevemos a tener conversaciones o vernos detenidamente en el espejo y aceptarnos. ¿Cuándo vas en el auto solo pones música? Eso sucede porque no queremos estar con nuestros pensamientos. La primera vez que me escuché a mí misma fue meditando, tuve una conversación tan honesta conmigo que fue una experiencia liberadora, incómoda al inicio, pero liberadora.

Mientras más te conoces más fácil te será encontrar la felicidad, pero no basta con conocerse es fundamental aceptarse.

Conocerse a uno mismo es el primer paso para querernos ¿Alguna vez amaste a alguien que no conocías? Es muy importante reconocer nuestras cualidades y defectos, apalancarnos en los primeros y luchar contra los segundos.

No te asustes si acudes a un libro o buscas técnicas para conocerte, es normal y la mayoría de los seres humanos hemos tenido una sensación de vacío emocional, no sabemos qué nos falta, pero entendemos que hay algo ausente para sentirnos plenos. No es algo nuevo, textos antiguos nos demuestran que el ser humano siempre ha buscado comprenderse y encontrarle un sentido a su exist-encia.

Los signos zodiacales tienen tanto éxito porque son "un camino fácil" Nos podemos escudar con que "Tengo este carácter por ser tauro" o soy sentimental por ser Piscis. No busques tu personalidad en los signos, toma responsabilidad de tu vida e indaga en ti.

El mundo nos dice que hay que ser felices, buscar la forma de serlo, pero no podemos ser felices todo el tiempo es imposible. Existen momentos en los que se amerita sentirnos tristes, pero procura que se queden en eso en momentos.

Para mí el objetivo de la vida es vivirla de la mejor manera, que valga la pena y entender que los momentos tristes o difíciles también forman parte de mi felicidad porque me hacen valorar los buenos momentos, la vida y a mí misma.

En ese recorrido por buscar la aprobación del mundo y la propia nos surge la incógnita de saber quiénes somos y qué es lo que queremos.

Muchos libros y conferencias nos dicen que vayamos por nuestro objetivo, por nuestra pasión, que nos enfoquemos en ello y nada nos detendrá... Tienen razón. Pero qué pasa cuando no sabes cuál es tu objetivo, tu propósito o qué es lo que quieres entonces seguirás ahí sin rumbo dispersando tu atención en diferentes actividades a las que terminarás renunciando porque no son para ti.

Detecta qué te motiva, cuáles son tus pasiones, que te hace sentir paz, y vive por ello. La vida es para vivirla, para disfrutarla no para sufrirla.

Para saber qué es lo que queremos debemos de saber quiénes somos. El autoconocimiento ¿Los has escuchado? ¿Te conoces?

Como lo definen algunos psicólogos:

"El autoconocimiento es el resultado de un proceso reflexivo mediante el cual la persona adquiere noción de su persona, de sus cualidades y características".

Cuando te conoces a plenitud entiendes tus actitudes y no solo las tuyas, también las actitudes de quienes te rodean porque así entiendes que la mayoría de las veces actuamos de forma inconsciente, el resultado será que no te tomarás todo personal.

Para conocerte a ti mismo no es necesario conocer los procesos psicológicos o filosóficos de saber cómo funciona la mente. Solamente hay que entender que la vida, la gente, las experiencias han colocado capas en nuestro verdadero yo. Hay que enfocarnos en el día a día, como somos cuando estamos a solas.

¿Cuándo conoces a alguien que haces? Preguntas: ¿No? Sobre sus gustos, experiencias, creencias, preguntas... ¿Te has dado el tiempo de preguntarte? Conocemos a tantas personas, que olvidamos prestar atención en nosotros. Es importante que te preguntes, sin juzgarte, que tengas una conversación contigo. Conocerse a uno mismo es un proceso difícil, es un proceso que puede resultar doloroso pues hay temas en los que no quieres indagar, hay preguntas que no te quieres hacer, pero es lo mejor que te puede pasar porque eso que te duele sabrás por qué te duele y no lo estarás tapando con vicios o con máscaras de personalidad. ¿Por qué es tan importante que te conozcas? Esto es la base de la realización, al conocerte sabrás con qué cuentas para reinventarte y llevar tu vida a la máxima expresión, dirigida a voluntad.

El conocerse también es salir de la zona de confort, pues estamos ahí muy cómodos sin escarbar temas difíciles, sin querer conocer nuestras virtudes porque el "ignorar" nos sirve como excusa para hacer o dejar de hacer, entonces ahí nos quedamos.

¿Pero cómo me conozco? No hay una técnica específica, no funciona igual para todos, pero de lo que estoy segura es que se necesita convicción por querer hacerlo, sin mentirte para lucir bien ante ti y sin juzgarte hasta deshacerte, pero sobre todo sin ser víctima.

Te comparto que para conocerme mejor compré un cuaderno y durante algunos días me dediqué a llenarlo haciéndome diversas preguntas, necesitas contestar con toda honestidad y meditar un poco antes de responder cada pregunta. Recuerda que eres tú mismo, no hay nadie más que pueda leer tu cuaderno o tu mente, conocerte será un gran paso para tu transformación personal además de ser un proceso divertido. Combiné esas preguntas con observarme al espejo por unos segundos regalándome una sonrisa y diciéndome “te amo”.

Te comparto algunas de las preguntas que me hice para que las contestes.

¿Cuáles son los valores que definen tu vida?

¿Cuáles son tus virtudes?

Escribe una lista de tus principales habilidades:

¿De cuáles logros personales te sientes más orgulloso?

¿A quién admiras?

¿Cuál es tu definición de felicidad?

¿Eres feliz en este momento?

¿Con qué tipo de personas te gusta compartir tu tiempo (cualidades que deben tener)?

¿A qué le tienes miedo?

¿Cuál es tu definición de amor?

¿Qué representa para ti el dinero?

¿Cuál es tu propósito en esta vida?

¿Qué habilidades te hace falta conocer para lograr tus objetivos?

¿Cuál es tu libro favorito?

¿Cuál es tu película favorita?

¿Cuáles son tus límites (frente a otras personas)?

- Es momento de tus 10 agradecimientos

1)

2)

3)

4)

5)

6)

7)

8)

9)

10)

Recomendación: Dibuja este mandala escuchando el mantra OM

DÍA 10
CUIDA TU ENERGÍA

"Tu energía dice más que tus palabras, con ella le hablas a los demás y al universo" Anónimo

- *Vampiros energéticos*

Absolutamente, todas las relaciones humanas, tengan contacto físico o no implican un intercambio de energía. Estás compartiendo un espacio, un consejo, una mirada, un regalo, una conversación. Probablemente, lo has sentido más fuerte con algunas personas, ya sea porque te restan energía o te la multiplican.

¿Te ha pasado que visitas a algún familiar que se queja mucho y terminas triste o cansado? No solo con familiares, cualquier persona que se cruce por tu camino. En términos de psicología se les dice a esas personas vampiros energéticos o emocionales pues "succionan" toda tu energía. Gran parte de esas personas que absorben energía no son conscientes, hasta tú podrías ser uno de ellos y aún no te das cuenta. Esto sucede porque se vive en la víctima o en la queja.

Lo primero que necesitas hacer es detectar si tú eres uno de ellos para que puedas cambiarlo, eso ya lo trabajamos en los primeros días. Al cambiar tus pensamientos elevas tu energía y dejas de absorber la energía de otras personas porque ya no te permites vivir en la negatividad o la queja. Lo segundo que debes hacer es cuidar tu energía e identificar a esas personas, para que evites pasar tiempo con ellas o que te encuentres consciente para que no suceda. Puedes comenzar por no tomarte todo lo que aquellas personas digan como algo personal, para que no te afecte. Cuando esas personas están conversando contigo y quejándose, puedes pedir amablemente que cambien el tema o cambiarlo tú por algo positivo.

También otra forma de conservar tu energía es aprendiendo a decir que NO, tú te quedas con tu poder y de una forma amable estableces límites.

Evita contar tus proyectos próximos y éxitos a personas que tu intuición te pida no hacerlo. Comienza a confiar en tu intuición, es muy sabia. Utilízala con todas las personas que están y que llegan a tu vida. Observa por un momento a la persona, analiza su manera de hablar, de expresarse y comportamientos, te darás cuenta si es alguien que aportará a tu vida o restará.

No te vas a aislar del mundo y a juzgar a todas las personas que pasan por tu camino si son o no vampiros energéticos. Lo que tú harás conscientemente es trabajar con tu mente e intentar vibrar en amor en ese mismo momento. Comienza a pensar cosas positivas, puede pasar que te des cuenta de que el que estaba negativo eras tú. Tengo años haciendo eso y siempre repito esta frase en mi mente *"Luz blanca, luz brillante quédate conmigo a cada instante"* No recuerdo en donde la escuché, pero me gustó, también repito *"Soy amor, por lo tanto, vibro en amor y veo a todas las personas con amor"* Se van a alejar algunas personas en tu vida, pero también llegarán nuevas, es normal.

- *Deja de hacerte la víctima*

Para poder progresar, ser la mejor versión de nosotros y conocernos realmente es fundamental dejar de jugar a ser víctimas. Ser víctima es cómodo, por qué así podemos culpar a todo y a todos. Para dejar de responsabilizarnos y no enfrentarnos.

Eres víctima cuando te sientes herido emocionalmente, buscas a través del llanto o la queja, sentir reconocimiento o recompensa y ahí te quedas lastimándote con resentimiento.

Hay que entender que la vida no siempre será a nuestro gusto, que las circunstancias no se van a adaptar a nosotros y que no por eso nos corresponde ser víctimas. Si sigues con este juego de culpar a todo por "tus desgracias" se apartará más la felicidad de tu vida.

No es malo enojarse, no es malo tener sentimientos negativos o sentirse lastimado por alguien más. Es completamente normal, lo que no es normal es que te estanques en ese sentimiento y tu vida se torne así. Puedes permitirte ser víctima mientras decides cómo expulsar esa emoción son minutos o un día si quieres, pero no más.

Ser víctima es autodestructivo porque trae a tu mente sentimientos de furia, tristeza y resentimiento. Culpar al mundo, a la crisis, la política, a los hijos, la pareja, los padres y el trabajo no te permitirá reconocer que está mal en ti, por lo tanto, no podrás cambiarlo.

Eres valiente cuando aceptas lo que está mal en ti y decides cambiarlo. Si no tienes en este momento el cuerpo que deseas ¿Qué te hace falta hacer? Si no tienes las finanzas ideales ¿Qué te hace falta hacer?

En caso de estar en una relación en la que te la pasas llorando ¿Qué haces ahí?

No te lo tomes personal

Otro punto en el que asumimos el papel de víctima y es necesario destruir, es el de tomarnos todo personal. La gente no te hace cosas, la gente hace cosas. La gente no te grita, la gente grita. Es muy importante quitarnos él ¡Me dijo! ¡Me hizo! En el momento en que decidas que los comentarios, las acciones o las formas de otras personas no te van a afectar, tu vida será más sencilla, tendrás menos peleas y mejores relaciones.Otro punto en el que asumimos el papel de víctima y es necesario destruir, es el de tomarnos todo personal. La gente no te hace cosas, la gente hace cosas. La gente no te grita, la gente grita. Es muy importante quitarnos él ¡Me dijo! ¡Me hizo! En el momento en que decidas que los comentarios, las acciones o las formas de otras personas no te van a afectar, tu vida será más sencilla, tendrás menos peleas y mejores relaciones.

- *El descanso, el ejercicio y tu alimentación.*

Es bastante lógico, pero lo tengo que poner para

que no lo olvides, no duermes solo por placer, es una necesidad. Para tener una vida plena es fundamental el sueño reparador. Si tienes problemas para dormir intenta meditar antes de hacerlo, relaja tu mente, prepárate un té o intenta tener una rutina para que le des la señal a tu cerebro que es hora de descansar. Evita cenar pesado para que te sea más fácil, la OMS (Organización Mundial de la Salud) recomienda dormir al menos 7 horas seguidas por día para adultos.

En el sueño continuo tu cuerpo se relaja y se recupera. Tu cuerpo es muy sabio en ese momento, te está sanando, fortalece tu sistema inmunológico, regula la presión sanguínea y se recupera tu energía.

En conjunto es muy importante que no solo por estética te alimentes bien y realices actividad física. El azúcar roba tu energía, la grasa también. Aunque suene cliché, tu cuerpo es tu templo sagrado, cuidalo. Te va a acompañar toda tu vida, al menos en esta vida.

- *Momentos de no hacer nada*

Si, así como lo leíste. Es muy importante que tengas tus momentos de no hacer nada. Deja a un lado las largas listas de pendientes, el estar pensando en generar dinero, el estar buscando aprender y las preocupaciones. El no hacer nada por algunos momentos en la semana también eleva tu energía. El desgaste mental es real y genera ansiedad o enfermedades relacionadas con el estrés.

El no hacer nada es un arte, estar en silencio, sin música o podcast. No precisamente meditando o con los ojos cerrados. El silencio es MUY SABIO. Nos cuesta mucho trabajo estar presentes, no nos gusta estar en silencio porque puede pasar que realmente nos escuchemos. Le tenemos horror al silencio. Conecta con el ser y no con el hacer.

Hay que reconocer, que por años hemos vivido fuera de nosotros mismos. Con las prisas, los deberes y hacer. Quédate un momento en silencio para que puedas darte cuenta de que el bienestar ya estaba dentro de ti, no estaba afuera. Siéntate por un momento y guarda silencio.

Hace tres años, mi vida era un completo desastre. Tenía un negocio que estaba por cerrar, había vendido todas mis pertenencias para sostenerlo. No tenía dinero en el banco, vivía en una casa de renta en la que no podía descansar porque estaba en el centro en medio de todos los bares de la ciudad, entonces el ruido era insoportable. Un día me fui caminando a un parque que estaba a unas cuadras y me senté, en silencio. No cerré los ojos, no medité y no hice absolutamente nada más que contemplar. Me sentí muy extraña porque siempre estaba acostumbrada a hacer, pero me sentí bien y en ese momento pensé "Que sabios son los adultos mayores que están afuera de sus casas con sus mecedoras por horas" La quinta vez que fui a sentarme a no hacer nada, me dio un ataque de risa y me reí porque con algo tan simple me sentía bien. Fueron solo 10 minutos, pero enfoqué mi atención en ese momento.

Yo era una persona que hablaba todo el tiempo, no escuchaba a nadie ni me escuchaba y entendí que una persona que es incapaz de controlar sus palabras es una persona incapaz de controlarse a sí misma. Pensar antes de hablar nos evita muchos tropiezos.

La espiritualidad no es un proceso psicológico, es un proceso existencial solo permitirte vivir. Cerrar tu boca es la mitad del trabajo, volverse silencioso es también bajar el ruido de tu mente. Deja por un momento de hacer cálculos, de predecir tu siguiente acción, de planear.

El silencio es una de las herramientas más poderosas para la espiritualidad, para potenciar tu ser. En el silencio se construye para estar realmente en silencio te puedes apoyar de la contemplación. Frente a un parque, frente al mar, viendo el cielo.

- **ACTIVIDAD**

Siéntate por 10 minutos afuera de tu casa, en algún parque o en algún sitio en el exterior. No vas a hacer nada, evita por 15 minutos tomar el celular y observa. Después regresa al libro y escribe aquí cómo te sientes:

*Como actividad extra, te invito a hacer algo que te puede resultar incómodo o extraño, pero se siente muy bien. Por dos minutos abraza un árbol. Sí solo así, abraza fuerte a un árbol. Es una terapia natural que aunque no me lo creas genera bienestar. Para mí es uno de los abrazos que más energía me generan. Después de que hagas esto me gustaría que me dijeras como te sientes y que se lo recomiendes a más personas. Resulta adictivo.

- Es momento de tus 10 agradecimientos

1)

2)

3)

4)

5)

6)

7)

8)

9)

10)

Gracias por tu compromiso y constancia, recuerda:

TU REALIDAD ES UN ESPEJO DE TU INTERIOR.

Recomendación: Dibuja este mandala escuchando la frecuencia 528hz

DÍA 11

EL EGO

"Ni español ni extranjero, ni blanco ni negro, ni mujer ni varón. Soy yo sin etiquetas, que es lo contrario del ego. Toda mi vida he luchado por destrozar el ego para que emerja el yo profundo." Fernando Sánchez Dragó

Por lo general se le atribuye el término "ser" a aquellas cosas que están dotadas de vida, es algo que es. El ser está dentro de nosotros, en nuestro cuerpo, células, cerebro, el ser somos nosotros. No hay una estructura de células en específico que definen nuestro ser o indique en qué parte se encuentra nuestra consciencia.

Puede sonar confuso, pero si, el ser forma parte de un todo, no tenemos definido en qué parte específica se encuentra, pero eso somos ¿Cómo podemos saber hasta dónde podremos llegar? ¿Cuáles son nuestras capacidades? ¿Cuál es nuestro límite? Si el ser somos nosotros podemos llegar a conocer nuestra esencia y una vez que la conozcas podrás potencializar tus cualidades.

Para esto, para conocer tu ser, para saber quién eres necesitas tener apertura dejar los juicios de un lado tanto en lo bueno como en lo malo con humildad y respeto para así poder hacer cambios positivos.

Cuando naces eres un ser puro y completo, eres un ser feliz sin limitaciones. Un ser que se acepta y se ama. Mientras vamos creciendo en el mundo exterior, el condicionamiento social y las creencias de los demás, que se vuelven propias nos van limitando. Pero si nacemos felices, entonces tenemos el potencial para seguirlo siendo, la felicidad es la ausencia del miedo y mientras más crecemos más miedos adquirimos impuestos por la sociedad, por el mundo y por las circunstancias.

Podemos justificarnos toda la vida por nuestra niñez o adolescencia dura y así escudar nuestros actos, pero eso es quedarse cómodo es no querer cambiar y decir "así soy" porque así me tocó vivir, así me hizo la vida. Pero es eso, una decisión, ganas de estancarte.

No es fácil quitarse de complejos o decidir enfrentarlos si no los conoces, de miedos, pero es posible, en la medida en que tú quieras que sea posible.

El ser es lo que tú eres, tu verdadero yo, tu verdadera naturaleza. Es quién eres tu libre de condicionamientos, conceptos, creencias adheridas.

Imagínate como un océano, en profundidad no sabes hasta dónde puede llegar, pero todo está calmado, pacífico, oscuro e inexplorado. Pero en la superficie está agitado, es fácil acceder. Esa profundidad es tu ser, es tu esencia, lo que tú inconscientemente decidiste dejar ahí, eres tú. En la superficie está tu ego, es como te identificas, solo una parte de lo que tú eres.

El ego erróneamente lo asociamos con vanidad, arrogancia, prepotencia, pero no. El ego es la idea que cada ser humano tiene de sí mismo y es la herramienta de la que hacemos uso para contestar la pregunta de quién soy yo. Es la identificación con el yo físico, mental y emocional.

El ego es subjetivo pues con la concepción que tengo de mí ante la vida, el ego me inclina a poner mi malestar y mi sufrimiento en los demás en no aceptar que lo que está mal en mí es consecuencia mía, porque así lo decidí y por el ego no me responsabilizo.

¿Te has despertado con la actitud de querer cambiar el mundo? El mundo no es ni será lo que tú quieras, puedes aportar al mundo, pero necesitas empezar por aportarte a ti, cambiar tú. Cuando entiendes esta realidad dejas de luchar contra el mundo y cambias lo único que te corresponde cambiar en esta vida.

Es entonces que entendiste y dejaste de culpar a la política, al mundo, al sistema y es entonces cuando haces verdaderas aportaciones porque ya cambiaste tú y a partir de ahí sabrás qué hacer.

El verdadero propósito del autoconocimiento es entender que somos mucho más que nuestro ego. Entender que el ego es simplemente una construcción mental que fabricamos a partir de las creencias y experiencias que hemos vivido.

Puedes usar el ego a tu favor y trascenderlo en amor, para que te sirva como un maestro o entrenador justo para cumplir tus objetivos o misiones de vida. Sin ego no tendríamos la necesidad de nada. En varios cursos, libros he visto que pintan al ego como enemigo. Pero yo te quiero proponer algo distinto, que AMES A TU EGO.

Es probable que este no sea tu primer libro de espiritualidad o crecimiento personal y escuchaste sobre el ego. Según Karl Jung el ego es ese aspecto de nosotros que es parte de nuestro ser, pero pocas veces está integrado, pues contiene esos aspectos negativos sobre nosotros y nuestra parte primitiva lo rechaza, porque nos cuesta trabajo reconocer que en nosotros hay culpa, envidia entre otros. Cuando tú rechazas esas partes de ti, lo proyectas en otras personas. Somos espejos, tú detectas comportamientos negativos en otros cuando aún no resuelves los tuyos.

El universo te retará para que mejores y te pondrá personas o circunstancias que tú necesitas resolver para evolucionar, en la espiritualidad les llaman "maestros". El ego también es un mecanismo de defensa para protegernos de cuando no recibimos amor. Como te mencionaba, tú al nacer estás totalmente conectado al amor, pero la vida terrenal nos ha enseñado a recibir amor mediante condicionamientos, es entonces que el ego nos protege.

¿Cuáles son los condicionamientos que se han impuesto para recibir amor? Que tienes que ser bueno, que tienes que ser obediente, que tienes que tener dinero, que tienes que ser exitoso, que tienes que ser atractivo y entre otros.

Cuando tu llegaste al mundo estabas conectado a tu madre y al nacer te separaste de ella y ahí surgió tu ego, desde ahí se fue formando, porque ya no eras un ser conectado, existió esa separación. Es importante reconocer que el ego no es nuestro enemigo y siempre se le ha pintado así. Nuestro ser proviene de una conexión con todos los seres con una esencia con base en el amor, pero el ego tiene como esencia el miedo. Entonces el ego juega el papel de protector, nos protege, pero no es sabio. Es como un niño que tiene miedo y cuando la base de tus acciones es el miedo todo sale mal.

Entonces el ego no es el enemigo porque sería pelear con una parte de ti. Si quieres expansión total y felicidad no necesitas peleas. Intenta hacer las paces con el ego sin ceder al ego. Lleva al ego al amor, trátalo con compasión. Imagina que el ego es un niño que tuvo un pasado triste, lleno de miedos e inseguridades y que está haciendo un berrinche ¿Tú que harías después de que vieras a un niño enojarse cuando conoces su pasado? Probablemente, lo abrazarías, pues lo verías con ternura y compasión.

Cuando dos adultos están peleando, en realidad no son dos adultos, son dos egos de niños heridos. Cuando sientes que no te valoran, cuando te alteras, recuerda que no eres tú, eres tu ego. Juega tu papel de observador y actúa con base en eso. En tu mente dile a tu ego que todo estará bien, que estás protegido y actuando con amor.

Cuando quieras explicarte quien eres, no se lo preguntes a tu ego. Porque el ego no puede darle un significado a algo que le sobrepasa. Tú eres amor, eres expansión, eres un ser con un potencial infinito que es parte de una creación divina.

Te proporcioné todo este panorama sobre el ego porque le daré un mensaje a tu ser y quiero pedirte que para entenderlo dejes a un lado tu ego.

Eres más de lo que tú puedas imaginar, eres un ser maravilloso que es parte del universo, entonces hay divinidad en ti. Tienes la capacidad de crear tu vida a tu manera, eres co-creador de tu vida. No dudes de tu potencial, trabaja en lo que tengas que trabajar para ser mejor cada día, pero también confía en ti y confía en el universo pues si ya tienes un deseo en tu corazón, ya es un hecho. Solo necesitas creer y conectarte a una fuente infinita que es el amor, cuando estés conectado, cuando vibres en esa frecuencia y no solo vibres en amor, sino que seas amor entonces TENDRÁS y todo se materializa. Acepta que lo mereces, que eres suficiente, todo llegará. Confía y al mismo tiempo suelta.

- ACTIVIDAD

Meditación:

En una postura cómoda vas a cerrar tus ojos y conectar con la respiración. Esta es una respiración diferente así que presta mucha atención.

1) Vas a inhalar por la nariz en 4 jalones, es decir por partes y sueltas por la boca liberando. Esta respiración la repetirás 10 veces.

2) Después encuentra tu propio ritmo de respiración y conecta con ella. Hazte consciente de cómo entra y sale el aire.

3) En tu mente le vas a dar las gracias al ego por protegerte, le prometerás verlo con amor y como un aliado.

4) Después te vas a imaginar como un ser infinito, tu propia interpretación de un ser de amor conectado con el todo. Puedes imaginarte como te entran y salen rayos de luz, está a tu criterio.

- Por último inlcuye tus 10 agradecimientos

1)

2)

3)

4)

5)

6)

7)

8)

9)

10)

Recomendación: Dibuja este mandala escuchando la frecuencia 888Hz

DÍA 12
EL DINERO

"El dinero normalmente se atrae, no se persigue" Jim Rohn

El dinero puede ser la raíz de la miseria de muchas personas ya sea porque lo tienen o porque les falta. Se requiere dinero para sobrevivir, vivimos en un mundo que gira en torno al dinero, aunque es solo un papel sin el dinero el mundo se detiene. Pero ¿Qué es el dinero? El dinero es una creación humana, es un concepto, un valor que se le dio a un papel o una moneda para hacer acuerdos, antes del dinero existía el trueque y fue evolucionando. El dinero a pesar de ser solo un papel o una energía, se le ha dado una carga negativa pues por el dinero se han propiciado guerras, se ha establecido poder, corrupción, esclavitud, entre otros.

El dinero no es abundancia, el dinero es un resultado de la abundancia con la que vives tu vida y se necesita tener una mentalidad abierta para aceptar este concepto. La fuente de la abundancia proviene de una fuente infinita que es energía ¿Qué pasa con la energía? No se crea ni se destruye, únicamente se puede transformar. Así que las posibilidades de la abundancia son absolutamente infinitas.

Toqué el tema del dinero hasta el día 12 para que puedas conectar primero con tu esencia, con tu ser. Como lo dice el libro primero SER para TENER. Qué es lo que hará que conectes con la fuente infinita de la vida que genera abundancia. Cuando tú comiences a vibrar más alto y a creer y confiar que es posible tener dinero, lo tendrás.

Para conectar con la energía del dinero necesitas primero conectar contigo, liberar tu creatividad para que se te puedan abrir las posibilidades, pasará que llegarán tu vida nuevas oportunidades simplemente porque estás jugando el papel de observador, del estudiante de la vida. Estás aprendiendo a aprovechar lo que la vida te da.

No permitas que tu energía caiga, no permitas anclarse por aquello que no dejas ir. Libérate de la prisión del intelecto, olvida que sabes, olvida que no se puede, pues si es posible, expande tu conciencia, eres mucho más que eso. Eres energía y la energía como te dije es infinita. No eres solo tu cuerpo, no eres solo tus pensamientos, eres mucho más. Conecta con la mente cósmica que expansiva e infinita y es así que tendrás. Libérate de lo que sabes sobre el dinero, libérate sobre lo que sabes de tus limitaciones, que solo son trampas de tu mente. Conecta contigo, conecta con la vida, conecta con el amor.

- **Actividad 1:**

Para que el dinero llegue a tu vida necesitas hacer espacio. Comienza a poner orden en tus cosas como tu ropa. Regala aquello que ya no utilizas, limpia tus bolsas y cajones. Acomoda el espacio donde por lo general va tu dinero. Como la cartera, tira todos los tickets y basura que te encuentres. Al terminal repite en tu mente. DINERO, ESTOY HACIENDO ESPACIO PARA QUE LLEGUES A MI VIDA.

- **Actividad 2:**

Esta actividad consiste en dos partes, la primera: Vas a identificar cuáles han sido tus creencias sobre el dinero. Apuesto que si en este momento no tienes toda la fortuna que deseas es porque creciste en un país o familia que tenía miles de creencias negativas sobre el dinero como: El dinero corrompe a las personas, solo se gana dinero trabajando duro, más vale pobre pero honrado y así entre otras. Escribe aquí todas las creencias tanto propias como impuestas que no te han permitido tenerlo. A las creencias propias me refiero a lo que se ha quedado en tu mente con base en tus experiencias.

Ahora vas a escribir tus nuevas creencias. No importa que aún no las creas en un 100% ten en cuenta que las anteriores no te han servido ahora escribirás las que te funcionarán mejor. Puedes buscar en internet y adoptar las creencias con las que te conectes.

Ejemplos:
Es sencillo hacer dinero
Cada día me es más sencillo hacer dinero
Tener dinero me permite cuidar mejor de mi familia
Con dinero puedo ayudar a otras personas.

- Ahora tus 10 agradecimientos:

1)

2)

3)

4)

5)

6)

7)

8)

9)

10)

Recomendación: Dibuja este mandala escuchando la frecuencia 963 Hz

DÍA 13

LA FE

"La fe es dar el primer paso, incluso cuando no ves la escalera completa" Martin Luther King Jr.

No es tan sencillo creer que tienes la capacidad de crear tu propia vida en conjunto con el universo. Pero la verdad, al menos para mí es "Según el tamaño de tu fe, te será dado" De nada te sirve recitar decretos y afirmaciones si realmente no lo ves como una posibilidad. Aun así ¿Qué es la fe? La fe es tener una firme convicción de aquello que no se puede ver, tener la certeza de que va a suceder, va a llegar o se va a cumplir. Tener fe en el universo también implica tener fe en ti, tener la convicción de que eres capaz de obtenerlo, recuerda que somos lo mismo. No necesitas verlo con los ojos, es aún más profundo. Significa tener la capacidad de poder verlo con el alma. Este libro es diferente a otros libros de manifestación porque mi intención es que con los primeros capítulos fortalezcas la fe en ti y eso generará que seas un manifestador.

Este punto lo quiero tocar sin mencionar ninguna religión, pues la espiritualidad va más allá. La fe se fortalece con la experiencia y te invito que por un momento pienses en aquello que de alguna forma manifestaste y que ahora está presente en tu vida. Por muy pequeño que sea, lo deseaste y se te cumplió, esa es tu primer referencia.

Aquello en lo que crees se manifiesta, no solo lo que piensas. Se necesita tener absoluta convicción. Un pensamiento no es lo mismo que la fe. La fe viene de un pensamiento que hizo raíz en ti como una creencia que después se demuestra como una verdad absoluta que se manifiesta en convicción= fe.

Sí puedes ver y sentir lo que aún no existe, si no lo pudieras antes de que fuera una realidad física jamás estaría. La fórmula para que te conviertas en un generador de milagros es.

Tener una fe absoluta en que se va a cumplir, tener fe en ti y poner acción constante y masiva hasta que llegue el resultado.

Tener fe en ti es absolutamente necesario, al tener confianza en ti, es más probable que tomes acción ante los retos. Como lo dice Brian Tracy "En cuanto más creas en ti, más progresarás y en cuanto más progreses más creerás en ti." Automáticamente, se convierte en un círculo virtuoso. Si en este momento no tienes fe en ti, comienza a trabajarla con retos pequeños y alcanzables para fortalecerla. La fe tanto en ti como en el universo crece con referencias, comienza a tener referencias y no te compares con las veces que lo intentaste y no lo lograste. Esta es una nueva oportunidad en donde te vas a probar que si puedes.

La ley de la atracción funciona todo el tiempo, en todo momento y se hará realidad aquello en lo que tienes fe absoluta, tus pensamientos predominantes y la frecuencia en la que estés vibrando. No sirve de nada que le dediques 15 a 30 minutos al día pensar positivo y sentir que crees en ese momento cuando en el resto del día no. Es cambiar en esencia y aquí es donde entra la fe, tener la certeza de que aquello que deseas se va a materializar.

¿Cómo fortalecer mi fe? A través de la disciplina. Involucra en tus visualizaciones, decretos y meditaciones todas tus emociones e intenciones. Conecta a profundidad contigo y con tus películas mentales.

No sé cuál sea tu deseo más profundo, pero te comparto lo que yo hago para fortalecer mi fe en el universo y en mí. Mi deseo más profundo es llegar a ser una escritora best seller que de conferencias al rededor del mundo. Todas las noches y mañanas pongo en YouTube sonidos de aplausos, entonces cierro mis ojos y le agradezco al público. Para fortalecerla aún más, práctico y digo un párrafo, luego aprovecho y subo algún video. Hacer esto me ayuda a saber que es posible lograrlo, a tener certeza, poner acción, ponerme en movimiento y darle la señal al universo que estoy trabajando en conjunto con él para llegar al objetivo.

Tú puedes hacer lo mismo, cierra los ojos, realiza tu afirmación, agradece que ya es tuyo, siéntelo tuyo. Luego comienza a poner de tu parte, pequeñas acciones, pero constantes y masivas, te darás cuenta de que de esta forma se estará fortaleciendo tu fe, entonces el resultado será una verdad absoluta para ti, por lo tanto, ya es tuyo. Busca referencias, de personas que ya lograron lo que tú deseas, lee sus biografías, sigue sus pasos.

Si alguien ya lo logró, entonces tú también puedes hacerlo. Si nadie lo ha logrado entonces podrás ser el primero.

- Actividad

    1) ***Busca referencias de tus logros para fortalecer la fe en ti,escribe al menos 5:***

2) ***Busca 5 referencias de personas que admiras y que ya lograron lo que tu deseas, escribe aquí sus nombres. Te recomiendo que leas su biografía o si son cercanos a ti les preguntes cómo lo lograron:***

- Ahora tus 10 agradecimientos:

1)

2)

3)

4)

5)

6)

7)

8)

9)

10)

Gracias por tu empeño en tu desarrollo personal, no pierdas la fe en ti.

Te mando un abrazo y que disfrutes tu día.

Recomendación: Dibuja este mandala escuchando una canción que te guste.

DÍA 14

EL MERECIMIENTO

"Te mereces todo lo bueno de la vida por el simple hecho de haber nacido" Louise L.Hay

Cuando tu realmente tienes fe, pones acción y eres consciente de que lo mereces, es entonces que lo tienes. Gran parte de las personas que paractican la ley de la atracción tropiezan con este punto "el merecimiento" Realizan sus ejercicios, cambian su mentalidad pero en el fondo no sienten que lo merecen. Hablo del mercecimiento hasta el día 14 porque todo el proceso que ya llevaste fue para que te sintieras merecedor de prosperidad y abundancia en tu vida.

El merecimiento viene con el amor propio y con soltar, se fortalece con la acción, tu ya lo estás intentando. El merecimiento es saber que ya te lo ganaste. Si en este momento aún no crees que es así, vamos entonces a romper esa creencia pues no es tán difícil.

A la mayoría de los seres humanos, tanto en casa como en la escuela se nos enseñó a dar mucho más de lo que recibimos, también a ser modestos en cuanto a los elogios y está bien, solo que no hay un balance porque también hay que aprender a recibir. Estoy segura que te ha pasado que una persona te dice que te ves muy bien, tú en vez de aceptar el elogio dices algo así como "Me veo así porque fui al estilista" Cuando con un simple gracias era suficiente. Comienza a aceptar los elogios sin justificarlos y fortalecerás el músculo del merecimiento.

Acepta las felicitaciones, los regalos, los elogios pues claro que los merces. Está bien recibir, no necesitas dar y dar todo el tiempo para que te acepten en cualquier círculo social. Cuando sientes que no mereces realiza una pausa y detecta que te estás autosaboteando. Es ilógico pedirle al universo o a los demás que admiren tu potencial cuando tú mismo no eres capaz de verlo, recuerda que todo empieza por ti. Reconócete, eres buena persona, tienes absolutamente todo el potencial y si aún no logras reconocerlo entonces analiza que es lo que te hace falta perdonarte y trabaja con eso.

Te mereces una vida linda, extraordinaria en la que disfrutes cada segundo. Mereces amor, mereces abundancia, mereces experiencias increíbles y maravillosas.

- **ACTIVIDAD**

Escribe 10 afirmaciones de merecimiento para cada área de ti vida, después de leer cada una cierra tus ojos y repite "LO MEREZCO, LO MEREZCO, LO

MEREZCO"

Ejemplo:

Yo merezco amor y abundancia

Yo merezco una vida plena y feliz.

- Ahora tus 10 agradecimientos:

1)

2)

3)

4)

5)

6)

7)

8)

9)

10)

Desde hoy procura que cada elogio o felicitación te asegures de aceptarlo, simplemente di gracias y sonríe.

Que tengas una vida maravillosa pues la mereces.

Te mando un fuerte abrazo.

Recomendación: Dibuja este mandala escuchando sonidos de naturaleza.

DÍA 15

LA MEDITACIÓN

"La meditación no es relajación ni concentración, es una especie de regreso a casa" Anónimo

Hace algunos años sentía inquietud antes de dormir, miles de pensamientos aleatorios pasaban por mi mente, me quitaban la tranquilidad y me hacían perder el sueño. No rendía igual en el transcurso del día, me sentía cansada, con poca energía. Estaba dispersa, no encontraba mi lugar. La falta de sueño y la falta de enfoque fue afectando otras áreas de mi vida, como mi trabajo y mis relaciones. Comencé a leer libros de autoayuda y la mayoría mencionaba la meditación. No tenía idea de como hacerlo y solo comencé, cerré mis ojos, respire tranquilamente y me enfoqué en eso. Me dio mucha calma, así que lo seguí haciendo.

Al poco tiempo se convirtió en una necesidad, esa

sensación de claridad y paz se hizo adictiva. No sé cómo ni de qué forma la meditación fue "reparando" partes mías que no sabía que estaban rotas, me sentí más amada por mí y colocada en este mundo.

Para mí la meditación es una herramienta de autoconocimiento y solo veremos los beneficios si la convertimos en un hábito. Fue el primer paso que tomé para navegar en mi interior y descubrir mi misión en esta vida, enfrentar mis miedos, liberarme de creencias, cargas del pasado y fortalecer mi amor propio como para creer en mí y sentirme capaz de lograr mis sueños con disciplina y voluntad.

Los inicios de la meditación son ancestrales, intenta unir mente, cuerpo y espíritu. Hay diferentes estilos, la meditación con la que te sientas más cómodo será la ideal para ti. Imagina que cada meditación es un estilo de comida, puede que no te guste o puede que se convierta en tu platillo favorito así que lo mejor es probar.

La meditación nos ayudará a entender que la felicidad ya está dentro de nosotros, practicar la meditación sería como si todo el exterior fuera un mar agitado y que tú estuvieras en lo profundo, donde hay calma.

No hay sesión de meditación mala, toda meditación que practiques es parte de tu proceso tenía que suceder por una razón. Con la constancia, con la práctica nos va a ir dando resultados, las meditaciones funcionan a un nivel que nuestro intelecto aún no conoce pues están teniendo resultados exponenciales en un plano espiritual. Cómo te decía, para la meditación necesitas compromiso, constancia y decisión.

Somos parte de la vida, de la naturaleza, del universo, estamos conectados a la vida misma. Al sentir esa conexión también nos conectamos con los demás y es así que entendemos sobre la compasión, la empatía.

. Para mí la meditación fue el silencio que hacía falta para unir todas las piezas del rompecabezas de mi vida, me gustan las analogías y mi vida era como si quisiera armar un rompecabezas de 2000 piezas con rock pesado, sin luz y con estrobos cuando lo que necesitaba era algo de silencio.

Cualquier persona puede iniciarse, es una pausa necesaria para la mente. Puedes meditar sentado, de pie, acostado, caminando. Por ejemplo, para mi ver el fuego es meditar.

Una forma sencilla de explicar la meditación a

nivel científico es con nuestros hemisferios cerebrales. Bien sabemos que el hemisferio izquierdo es el lógico, matemático y racional, está relacionado al tiempo pasado y futuro. Nuestro hemisferio derecho es el holístico, relacionado con la creatividad, enfocado en el tiempo presente. Al meditar nuestro hemisferio izquierdo enfoca su atención en un punto, puede ser la respiración, una imagen, o un mantra. Cuando el hemisferio izquierdo se enfoca en una sola cosa el hemisferio derecho domina y como el hemisferio derecho se enfoca en el presente, nos sentimos tranquilos y relajados.

La respiración es un elemento básico para la meditación como lo es para la vida. Hay cuatro cosas fundamentales para vivir, el alimento, el sueño, el agua y la respiración. Con todos podemos pasar algunos días sin ellos, pero con la respiración bastan unos minutos para dejar de vivir.

Respirar nos conecta a la vida, respirar conscientemente mejora la calidad de nuestra salud y está científicamente comprobado. Existen diferentes técnicas, algunas nos ayudan a relajarnos, liberar el estrés, mejorar la concentración o rendir mejor en alguna actividad física.

Hay tres tipos de respiración que me han ayudado a conectar profundamente en mis meditaciones. Me basta con cerrar los ojos, sentir el aire entrar y salir, hacerme consciente de cómo se eleva mi pecho y mi estómago.

- **Técnica 1 y 3**
  Esta técnica es ideal para dormir, nos ayuda a bajar nuestra frecuencia cardiaca y sentirnos relajados. Cuando estés acostado con los ojos cerrados comienza con tu nariz a inhalar en un segundo y soltar el aire en tres segundos. Repite este proceso, lenta y tranquilamente hasta que te sientas relajado, disfruta el proceso.

- **Técnica 6 y 8**
  Esta técnica nos ayuda a llegar a un estado de tranquilidad, es muy buena para reducir la ansiedad o darnos claridad cuando estamos llenos de emociones negativas. Inhala en seis segundos y lentamente exhala en ocho segundos, repite el mismo proceso a tu tiempo seis veces. Cuando abras nuevamente tus ojos podrás sentir la paz.

En lo personal, esta técnica la aplico todos los días, al despertar. Me levanto de la cama, me siento y comienzo a respirar consciente, tener esa primera sensación me hace saber que será un buen día.

- **Técnica 4, 7 8**

Esta técnica es una de mis favoritas, fue con la técnica con la que inicié mi proceso de respiración consciente. Es muy buena para bajar la tensión, el estrés y la ansiedad. Sirve también para sentirnos relajados a la hora de dormir.

Es simple, inhalamos durante 4 segundos, retenemos el aire por 7 segundos y exhalamos lentamente en 8 segundos.

Repite el proceso, te recomiendo empezar con 4 repitiendo dos veces por día. Puedes sentirte mareado, pero es completamente normal

La respiración consciente es una herramienta que está a tu alcance y la puedes utilizar en cualquier momento.

Ahora que ya conoces sobre los estilos de respiración, puedes hacer tus propias meditaciones y así encontrar la ideal para ti. Solo necesitas:

Elegir tu postura, elegir tu respiración y el estilo de meditación. Te dejo algunos:

- **MEDITACIÓN ESCANEO CORPORAL**

Esta técnica es la ideal para relajar nuestro cuerpo, la parte física. En mi caso me ayuda a reducir el estrés si tuve un día pesado. Es una técnica sencilla que simplemente hace un barrido o escaneo del cuerpo, puedes decirlo tú mismo o apoyarte de una meditación guiada para lograr el objetivo. Vas a ir tomando atención de cada parte de tu cuerpo, desde la cabeza a los pies estando consciente de las sensaciones, puedes experimentar cosquilleos o pesadez.

Muchas personas se apoyan de esta técnica para dormir ya que relaja el cuerpo y a través de la respiración se va induciendo al sueño.

Como ejemplo, puedes decirte mentalmente mientras estás meditando: Siento como se relaja mi cabeza, mi mandíbula, se relajan los músculos de mi cuello, mis hombros...

La intención es hacer consciente cada parte del cuerpo.

- **MEDITACIÓN MINDFULNESS**

La meditación Mindfulness por lo general se hace con los ojos cerrados en una postura cómoda, de preferencia sentado con espalda recta y manos en las rodillas. A mí me gusta hacerla en lugares abiertos como parques, cuando no me es posible la practico en casa, con algo de sonidos de la naturaleza o en silencio. Inicias conectando con la respiración, observando como al inhalar se llenan tus pulmones, como entra y sale el aire por la nariz, en lo personal me enfoco un momento prolongado en la respiración, cuando ya me siento más relajado comienzo a prestar atención a los sonidos de mi alrededor, como los pájaros, el viento, siento el peso de mi cuerpo y presto atención a cada una de mis extremidades. Si me viene un pensamiento lo dejo pasar y no lo juzgo, sigo experimentando cada sensación.

Poco a poco voy sembrando en mí una actitud positiva, me ayuda mucho sonreír y sentir cómo se va sintiendo mi sonrisa, eso me da una sensación de felicidad. Me quedo ahí unos momentos tranquila sintiendo como mi cuerpo se relaja.

¿Te das cuenta lo sencillo que es? El tiempo tú lo determinas, en el tiempo que tú te sientas mejor. Al inicio yo perdía la concentración muy rápido así que inicié poniendo un temporizador con 10 minutos.

- **UN POCO DE TODO**

La meditación es un momento de total libertad, puedes incluir tus visualizaciones, tus decretos y afirmaciones, mantras, e incluso grabar y escuchar tu voz. Aprovecha ese momento para agradecer, para perdonar, para soltar, para lo que tu necesites. Creeme que no necesitas de años de práctica, confía en tu intuición. Puedes hacerlo sin sonidos o con sonidos, buscar frecuencias binaurales o sonidos de la naturaleza.

- **ACTIVIDAD:**

Realiza tu propia meditación, decide tu propio estilo.

Encuentra tu propio método, encuentra tu respiración, tu sonido, tu ambiente. No busques en internet alguna meditación guiada. La intención es que lo hagas por cuenta propia y no desistas, te recomiendo poner temporizador, comienza con 10 minutos.

- Ahora tus 10 agradecimientos:

1)

2)

3)

4)

5)

6)

7)

8)

9)

10)

Que lo disfrutes ¡Te mando un fuerte abrazo!

Recomendación: Dibuja este mandala escuchando la frecuencia 432hz

DÍA 16
LA FELICIDAD

"El hombre que hace que todo lo que lleve a la felicidad dependa de él mismo, ya no de los demás, ha adoptado el mejor plan para vivir feliz". Platón

La felicidad, una palabra tan usada y tan confundida por la sociedad. Confundimos felicidad con placer o euforia. Que tu equipo favorito gane la final del fútbol no es felicidad, es un estímulo del exterior. Felicidad y estar contento no es lo mismo. La felicidad depende de ti y de nadie más, es tu responsabilidad, no llega cuando las cosas buenas te pasan. Nadie puede hacerte feliz ni tú puedes hacer feliz a nadie, las personas proporcionan momentos de felicidad, su significado es más profundo. Ser feliz es ser tú mismo y ser quien realmente eres se logra interiorizando, en un estado de paz. También se logra con los resultados que obtienes mediante trabajar con tus objetivos sin rendirte.

Felicidad es estar en armonía con uno mismo, sentirte lleno de ti, conocer tu camino. Disfrutar el proceso de lograr tus metas, amarte y tomar decisiones para tu bien todos los días.

Nacemos felices y mientras vamos creciendo vamos perdiendo esa felicidad, para poder aprender a vivir la vida es muy importante la meditación, es un camino por el que todo ser humano debe recorrer. Para conectar con uno mismo y entender que si se puede ser feliz, que si es posible tener la vida que deseas, comprender que solo está en ti lograrlo. Todo está en dos palabras: RESPONSABILIDAD y ACCIÓN.

Vivimos en una sociedad que nos mantiene distraídos, que nos genera emociones negativas, un mundo que nos llena de ruido. Necesitamos calmarnos, buscar un momento de tranquilidad, de estar en silencio porque solo en el silencio seremos capaces de escuchar nuestro corazón.

Todos estamos en la búsqueda constante de la felicidad y es normal, todo el mundo quiere ser feliz. No hay nada malo en eso, el problema viene cuando buscamos y pensamos que la felicidad vendrá factores externos como tener un nuevo empleo, encontrar la felicidad en un viaje que haremos en el verano o ser felices cuando los hijos lleguen. Así vivimos, siempre a la expectativa, esperando la felicidad. Todos esos factores que te mencioné no proporcionan una felicidad real, pues son efímeros.

Te comparto para mí que es felicidad y esta reflexión llegó a mí meditando:

Felicidad es poder desconectarme de las preocupaciones y conectar con el momento ya sea meditando o disfrutar estando en la naturaleza, cerrar mis ojos y respirar para darme cuenta de que estoy viva. Felicidad para mí es aprender cada día cosas nuevas que alimenten mi mente, alma y espíritu. Aprender de personas, de experiencias, aprender de mí.

Encontré la felicidad perdonando, perdonándome, soltando todo aquello que hacía mi camino de vida más pesado. Conecté con la vida agradeciendo, porque hay tanto que agradecer... Suena a cliché, pero tenemos la oportunidad de abrir los ojos un día más, el mundo está lleno de maravillas: gente, sonrisas, abrazos, besos, experiencias, lugares y momentos. Encontré la felicidad cuando decidí hacerlo, opté por ser feliz. Tomé la decisión de dejar de sentirme herida por experiencias del pasado, cuando decidí amarme y tomar responsabilidad de mi vida.

¿Qué te detiene para buscar tu felicidad? ¿Por qué no te lo permites?

Una de las cargas que solté para ser feliz fue cuando solté el "qué dirán" simplemente me dejó de importar lo que otros pensarán de lo que yo hago, pues para ser sinceros solo hablarán de mí en una comida, en un "micro momento" y cambiarán la conversación para criticar a otra persona. Dejé de vivir de la gente y empecé a vivir para mí.

Es una reverenda tontería abandonar sueños o seguir en una situación que te incomoda por lo que dirán los demás. La opinión de la gente no hace transferencias bancarias.

Vas a ser feliz en el momento en que tomes la decisión de serlo ¿A qué me refiero con esto? Cuando DECIDAS comenzar a amarte, cuando decidas terminar relaciones que ya no funcionan, cuando tengas la valentía de iniciar un proyecto que te apasiona, cuando decidas terminar con una adicción, cuando decidas empezar a ver por tu salud. Ahí comenzará tu proceso de felicidad.

Es importante que sepas que no será una sola decisión, tendrás que decidirlo todos los días, vas a "decidir" despertar temprano para hacer ejercicio, vas a decidir capacitarte y trabajar todos los días para que tu proyecto de frutos, vas a decidir pensar positivo todos los días para tener una mejor actitud, a eso me refiero. Te digo de corazón, que no va a ser un proceso estresante, cuando te comprometas con ello vas a sentirte poderoso o poderosa porque estás cumpliendo contigo y esa es la mejor sensación.

Para continuar con tus objetivos es muy importante que tengas recordatorios y te mantengas motivado. Yo tengo un cuadro de objetivos con fotografías y recortes de revista con mis "sueños" el verlo todos los días hace que no olvide para que estoy trabajando. También me lleno de recordatorios en mi agenda, me apoyo con frases que sé que van a darme la motivación que necesito. Tú sabrás de qué te apoyas para no desistir.

- **ACTIVIDAD**

Simple, piensa en algo muy simple que te haga feliz y hazlo HOY.

Te doy algunos ejemplos:

Bailar, cantar, comer un chocolate.

También te regalaré una lista de pequeñas cosas que pueden aportar felicidad y elevar tu vibración, los puedes realizar cuando tú quieras. Además puedes incluir cosas a esta lista. Recuerda que puedes regresar a este capítulo cuantas veces quieras.

Me ayudó mucho tener mi propio concepto de felicidad

¿Cuál es el tuyo?

PEQUEÑAS COSAS QUE TE HARÁN FELIZ Y ELEVARÁN TU VIBRACIÓN

Aunque termines el libro te recomiendo de todo corazón que las vayas haciendo poco a poco, creeme que ayudan MUCHÍSIMO.

También puedes hacer tu propia lista y darle check

- Abrazar un árbol
- Mandar un mensaje de agradecimiento a un

amigo.

- Sonreír al espejo y mandarte un beso.
- Cantar tu canción favorita a todo pulmón.
- Regalar una flor a un extraño o extraña
- Bailar a solas con audifonos
- Sonreír y saludar a todos con mucha actitud
- Regalarme algo, envolverlo y abrirlo.
- Mandar un mensaje de buenos días a varias personas.
- Limpiar tu closet y regalar ropa
- Cantar en la regadera y poner aplausos de fondo
- Jugar almohadazos con otra persona
- Escribirle una carta a un ser querido
- Caminar descalzo en el jardín
- Observar el amanecer
- Hacerte un masaje en los pies
- Comer tu fruta favorita
- Observar las estrellas
- Escuchar y ver pájaros cantar
- Regalar dulces a varias personas

ESPACIO PARA TU PROPIA LISTA:

Ahora tus 10 agradecimientos:

1)

2)

3)

4)

5)

6)

7)

8)

9)

10)

Recomendación: Dibuja este mandala escuchando la frecuencia 111Hz

DÍA 17

LAS LEYES UNIVERSALES /MENTALISMO

"Siempre vamos a donde va nuestra visión" Joseph Murphy

En estos últimos días del SER te quiero compartir sobre las leyes universales, puede ser que ya las conozcas o te relaciones con ellas con distintos nombres. Son enseñanzas de hace miles de años que se han ido fortaleciendo por diferentes culturas. También son conocidas como las leyes herméticas y se les dice así por Hermes Trismegisto, se dice que el fue el inventor de la alquimia, psicología y astrología. Puedes investigar sobre él y su obra el Kybalión. Explica a detalle como nosotros al ser parte del todo, el todo es parte de nosotros.

Las leyes universales son leyes que rigen al universo y que por lo tanto también nos rigen a nosotros.

Se dice que al conocer estás leyes podrás ser un ser más conciente. Ya eres un ser poderoso y expansivo, solo necesitas reconocerlo. Con todo el amor te comparto estas leyes para que sean de tu conocimiento y las uses a tu favor.

- **LA LEY DEL MENTALISMO**

Todo es conciencia, lo que tu percibes en tu realidad era antes un pensamiento. Absolutamente todo tiene su origen en el mundo mental que es invisible. Todo lo que somos tambie´n comienza con un pensamiento, estamos donde estamos porque hasta ahí nos llevaron nuestras creencias. La primera vez que leí esto fue en el libro del Kybalion que dice " todo es mente" todo es mental, por eso te puse las leyes universales hasta el último para que primero lo comprobaras por ti mismo. Tus pensamientos, al convertirse en creencias se convierten en una realidad.

La creencia común sería si tienes pensamientos positivos, sucederán cosas positivas,si tienes pensamientos negativos sucederán cosas negativas. Pero falta aún más, la fe y creencia absoluta de que vas a obtener aquello que quieres. La duda limita tu potencial de manifestación.

La ley del mentalismo es simple: Decido que quiero, tenerlo muy claro. Para crear tu vida soñada puedes comenzar con crear un solo día imagina ese día a la perfección y así avanzaras paso a paso. Esto es la alquimia o transmutación de la mente.

Para entender el mentalismo basta con el ejemplo de la semilla.

Tu eres una semilla del universo, que germinó y creció, entonces tú generas más semillas, esas semillas son tus pensamientos, cuando tu repites y repites ese pensamiento de manera consciente es como si lo estuvieras regando, cuando ya es una creencia y tienes fe absoluta es cuando comenzará a dar frutos, no debes desistir cuando veas pequeños destellos, es ahí cuando necesitará de más cuidados para que crezca.

Vamos a reforzar esta ley, es momento de escribir aquí exactamente qué es lo que quieres. A detalle, al menos de aquí a cinco años no olvides poner

- ¿Que lograste?
- ¿En dónde estás?
- ¿Con quién estás?
- ¿Cómo te ves?
- ¿Como te sientes?

- Ahora tus 10 agradecimientos:

1)

2)

3)

4)

5)

6)

7)

8)

9)

10)

Recomendación: Dibuja este mandala escuchando la frecuencia 888Hz

DÍA 18

LEY DE LA CORRESPONDENCIA / LEY DE LA ATRACCIÓN

"Como es arriba es abajo, como es adentro es afuera. Lo que existe en lo invisible, existe en lo visible" Wiliam Walter Atkinson

La ley de la correspondencia y de la atracción son prácticamente lo mismo, lo que existe en el plano invisible se manifiesta en la realidad visible. No es solo enfocada en el pensamiento, este principio indica que si quieres cambiar lo que está fuera de ti, necesitas cambiar primero tu interior. Es decir si quieres tener dinero, sentir como si ya lo tuvieras, si quieres manifestar felicidad comienza por sentirte feliz y será una realidad. Esta ley confirma que puedes saber lo que hay dentro de ti con solo observar tu exterior. Tanto tus relaciones, como tu salud y tu economía están determinados por cómo estás tú por dentro.

¿Te ha pasado? Que hay días en los que te sientes confiado y positivo entonces todo fluye bien. Pero también hay días en que estás de malas y todo te sale mal. Así de simple se explica esta ley.

Tu mundo exterior se manifiesta desde el interior, el error de muchas personas es pensar solamente con realizar algunas actividades de manifestación van a cumplir sus objetivos, pero no es así. Primero hay que ser para tener, necesitas hacer el cambio interno, conectar contigo, con tu esencia, equilibrarte, ser consciente de tus luces y sombras para trabajar en ello. Para llegar a ser hay una herramienta que a mí me funcionó muy bien para trabajar en mí y obtener aquello que anhelaba y es preguntarme lo siguiente:

¿Qué clase de persona tendría que ser para tener esto?

¿Qué clase de persona tendría que ser para llegar a esto?

¿Qué clase de persona tendría que ser para tener ese estilo de vida?

- **ACTIVIDAD**

Realiza y contesta tus propias preguntas como las que te puse en los ejemplos:

- Ahora tus 10 agradecimientos:

1)

2)

3)

4)

5)

6)

7)

8)

9)

10)

Recomendación: Dibuja este mandala escuchando cuencos tibetanos.

DÍA 19
LA LEY DE LA VIBRACIÓN

"El universo es justo, no castiga ni bendice solo hace caso a la vibración que tú emites" Anónimo

El universo es energía y movimiento, absolutamente todo tiene su frecuencia y su velocidad. Esta ley rige la mente y la materia, el mundo físico y no físico.

Nada permanece inactivo, todo vibra, todo se mueve. Tu estado de vibración es el que regula tu vida, tus pensamientos producen una frecuencia al momento de convertirse en una emoción. Esas vibraciones que emitas son las que vas a atraer a tu vida.

Aunque no lo podemos ver todo es energía y estamos conectados en un nivel llamado campo unificado para conseguir lo que queremos es muy importante vibrar de manera unificada con lo que deseamos. Está demostrado por la física cuántica, todo es energía.

Me imagino que alguna vez llevaste biología en la escuela y observaste a través de un microscopio. Desde un átomo, dentro de él los protones y electrones tienen movimiento circular. Dentro de ti todo se mueve mucho más rápido de lo que tus ojos serían capaces de percibir. Si tus pensamientos y emociones son positivos tu vibración será alta, pero si son negativos, será una vibración más baja. Es muy importante controlar las vibraciones que emites al universo para que produzcas **RESONANCIA.**

Resonancia: Es el fenómeno que tiene lugar cuando un elemento recibe la influencia de una fuerza periódica que tiene un periodo de vibración similar al periodo de vibración del elemento en cuestión.

¿Cómo influye con tus deseos?

Cuando tú tienes un deseo es importante que te pongas en la misma frecuencia emocional que tendrás cuando se haga realidad. Pues mandas esa señal al universo y se comprobará que está en la misma señal, por lo tanto, se sincronizará con tu vida y se manifestará.

Si te das cuenta, todas las leyes van de la mano.

Al momento que cambies tu energía vibracional vendrán mejores cosas a tu vida en automático. Por eso es muy valioso que cuides tu energía.

En esta imagen podrás darte cuenta de las frecuencias que emite cada emoción.

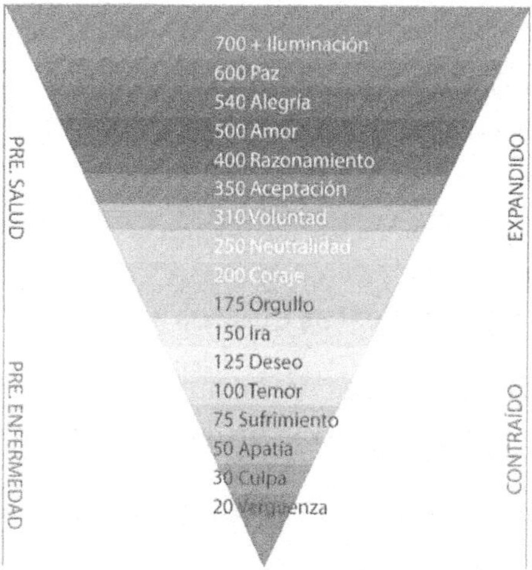

NikolaTesla afirmaba que si queríamos comprender el universo teníamos que pensar en términos de energía, frecuencia y vibración. El cuerpo energético impacta directamente en tu cuerpo emocional y físico.

Si estás en una frecuencia baja llegará a

tu vida negatividad y enfermedades. La música de frecuencias es una herramienta muy poderosa para elevarte internamente, en conjunto con tus pensamientos y acciones. Al momento de exponerte a estas ondas sonoras toda tu energía vibracional cambiará. La música si puede cambiar tu estado de ánimo y tal vez tienes alguna referencia de esto en tu vida.

La música genera estos efectos en tu cuerpo:

VIBRACIONES: Estas generan directamente movimientos en tu cuerpo, como tus células

EMOCIONES: Pueden cambiar tu estado de ánimo.

Hay estudios científicos de personas que han logrado sanar su cuerpo a través de la musicoterapia.

A mí me detectaron de niña TDAH y la música fue y ha sido mi tratamiento, me siento y me mantengo tranquila con frecuencias binaurales y logro profundos estados de concentración cuando me dijeron que eso sería imposible. En primera no acepté ese diagnóstico y desde que tengo 10 años me repetía que era muy inteligente y concentrada. No lo sabía, pero ahora si, eso me ayudó a obtener los primeros lugares en mis estudios, incluso graduarme de maestría con 10 logrando el primer lugar de mi generación.

La música tiene propiedades vibracionales que se han utilizado para aumentar el bienestar mental y físico. Puedes hacer la prueba con las frecuencias binaurales. Las frecuencias binaurales son sonidos grabados y reproducidos en dos canales, nos permiten llegar a un estado meditativo más rápido y profundo. No solo ayuda en la meditación estas frecuencias también se emplean para concentrarse, mejorar la capacidad de aprendizaje y entre otros.

Está científicamente comprobado que estas frecuencias funcionan, se observaron por primera vez en el año de 1839 por el científico H.W Dove y en 1973 se les dio el nombre "frecuencias binaurales" por el Doctor Gerarld Oster.

¿Cómo se usan las frecuencias? Es necesario escuchar con audífonos, pues de cada audífono recibiremos una frecuencia distinta. Nuestro cerebro por lo general produce pulsaciones de frecuencia baja y cuando recibe dos frecuencias ligeramente distintas crea una tercera que es la pulsación binaural. Para que se logre este fenómeno esas frecuencias deberán ser menores a los 1000 o 1500 Hertz. Entre esas dos frecuencias no debe existir mucho rango de diferencia máximo 30 Hertz, de lo contrario los tonos se percibirán distinto sin generar ese sonido binaural.

Los sonidos binaurales activan distintas zonas de nuestro cerebro y para comprender mejor es muy importante conocer cuáles son los cuatro estados del cerebro con su rango de frecuencias.

1) BETA (13 hasta 39 Hertz) Al experimentar este estado mejorará nuestra concentración y enfoque, también ayuda a la creatividad generando nuevas ideas.
2) ALFA (7 hasta 13 Hertz) Este estado es el ideal para la relajación, ayuda para bajar niveles de ansiedad y estrés.
3) THETA (4 hasta 7 Hertz) Cuando permanecemos en este estado estamos empezando a conciliar el sueño, es una relajación más profunda.
4) DELTA (menos de 4 Hertz) Es un estado de inconsciencia, sueño profundo y reparador.

Existen otro tipo de frecuencias conocidas como las "Frecuencias de Solfeggio" utilizadas en la medicina alternativa.

Las frecuencias de Solfeggio han tenido mayor impacto en la actualidad, son utilizadas con fines curativos, en los años 70s se les dio ese nombre por el Doctor Joseph Puleo, quien realizó estudios sobre sus propiedades curativas, también encontró que estas frecuencias aparecen desde la biblia en el libro de Números capítulo 7 versículos del 12-89.

Las frecuencias de Solfeggio son las siguientes:

UT 396 Hz: Se utiliza para eliminar la negatividad, importante para deshacernos del miedo y la culpa.

RE 417 Hz: Aumenta nuestra energía, nos llena de positivismo y nos ayuda a mejorar nuestra creatividad.

MI 528 Hz: Frecuencias de la sanación, reparar ADN y células

FA 639 Hz: Se le conoce como la frecuencia del amor, nos ayuda a experimentar más amor

por nosotros mismos y por lo tanto hacía los demás.

SOL 741 Hz: Sirve para la expansión de la conciencia.

LA 852 Hz. Mejorar la espiritualidad e intuición.

SI 936 Hz Se le conoce como la frecuencia de la felicidad.

Estas frecuencias se han utilizado desde hace muchos años, la iglesia se apoyaba de ellas con los cantos en latín Gregorianos. Estas frecuencias están relacionadas con la geometría Sagrada y forman una secuencia 3, 6 y 9.

- **ACTIVIDAD 1**

Elevarás tu vibración y al mismo tiempo la vibración de tu casa.

Elige la frecuencia 417 Hz. Limpia tu casa para que sea un espacio en el que puedas sentir tranquilidad. Aromatiza el ambiente, con algún aroma que te guste, puedes prender algunas velas. En cada espacio vas a entrar, con los pies descalzos cierras tus ojos y agradeces. Por ejemplo en tu habitación. Párate al centro, cierra tus ojos y con las manos en tu corazón repite "Gracias por el descanso que me has otorgado, me siento bendecido y agradecido", la cocina "Gracias por todos los alimentos que me has permitido preparar".

Es un pequeño ritual, te ayudará a elevar la vibración de tu casa y la tuya. Además, te hace consciente que tienes un lugar en donde vivir.

- **ACTIVIDAD 2**

En tu cama acomódate en una postura cómoda acostado. Cierra tus ojos, lleva tus manos al corazón y escucha la frecuencia 432 Hz, recorre con tu pensamiento cada centímetro de tu cuerpo y siente tu propia energía. Agradece a cada célula por hacer bien su trabajo y mantenerte sano. Agradece a tu cuerpo por ser tu vehículo y pídele perdón por todas las veces que lo rechazaste, comprométete con tu cuerpo para cuidar de él. Cierra con gratitud y amor. Repítele que lo amas, que lo amas profundamente.

Ahora tus 10 agradecimientos:

1)

2)

3)

4)

5)

6)

7)

8)

9)

10)

Recomendación: Dibuja este mandala escuchando la frecuencia 999Hz

DÍA 20

AFORMACIONES

Justo ese es el nombre, Aformaciones si lo leíste bien. El cerebro siempre está preguntando y buscando respuestas a nuestras preguntas. Algunas personas no se sienten tan cómodas afirmando, pero se llegan a sentir mejor preguntando, ya que lo hacemos de manera natural todo el tiempo.

Una afirmación es una declaración de algo que realmente deseamos que suceda y que lo hacemos en tiempo presente hasta que se hace parte de nosotros.

La mente subconsciente desde que nacemos responde a preguntas, pero qué tal si ahora comienzas a hacerle tú esas preguntas.

Ejemplo:

¿Por qué soy tan exitoso?

Tu mente subconsciente va a buscar la forma de darte una respuesta, te hará exitoso de alguna forma. También sucede que te estás poniendo en esa sintonía y tu vibración se elevará.

Las aformaciones son afirmaciones que te haces en modo de pregunta. Ese fue un método que fue creado por Noah St. John

Es sencillo formular esas preguntas:

1) Piensa en lo que deseas en positivo, como te enseñé a hacer una afirmación común es igual.
2) Formula tu pregunta como si ya lo hubieras logrado.
3) Siente tu pregunta y repitela.

4) Realiza tu parte, que es la acción.

Las aformaciones te van a ayudar a elevar tu vibración y es una forma divertida de preguntarle al universo. Cuando tú realizas una pregunta trabajas a favor de tu mente, la mente siempre está en búsqueda de respuestas. Pues tu mente necesita saber qué es lo que se tiene que hacer. Esto provocará que estés más atento a nuevas oportunidades y estés listo para tomar la acción.

Te daré algunos ejemplos:

¿Por qué soy tan feliz?

¿Por qué soy tan próspero económicamente?

¿Por qué me siento tan bien?

Ahora es momento de que realices tus afor-maciones, escribe al menos 10:

1)

2)

3)

4)

5)

6)

7)

8)

9)

10)

- Ahora tus 10 agradecimientos:

1)

2)

3)

4)

5)

6)

7)

8)

9)

10)

Recomendación: Dibuja este mandala escuchando la frecuencia 888Hz

DÍA 21

"La abundancia no es algo que adquirimos, es algo con lo que conectamos." Wayne Dyer

LA ABUNDANCIA

En estos días interiorizamos en tu ser, estás totalmente listo para este capítulo. Es importante que creas esto. La abundancia es infinita y está disponible para ti, no es solo para algunas personas, está disponible para todos.

El dinero es solamente un resultado de lo que hay dentro de ti, cuando eres abundante el dinero simplemente se manifiesta. Tú eres abundante cuando estás conectado contigo y hay bienestar en todas las áreas de tu vida como: Relaciones, mentalidad, espiritualidad y cuidas de tu cuerpo. La abundancia esta adentro no está afuera.

Existen personas ricas, pero no son abundantes, carecen de amor y, por lo tanto, no disfrutan de su dinero. El universo nos quiere felices y abundantes.

Por favor saca de tu mente ese diálogo de "Yo no puedo tenerlo" elimina por completo esa creencia. Abre tu mente y tu corazón a todas las posibilidades. Reconoce que eres creador de tu vida y que estás en este mundo para experimentar amor. El amor se experimenta amándote a ti, amando a otros, amando cada segundo de tu vida. Deja de culparte, deja de limitarte y busca siempre lo mejor, pues mereces lo mejor, me refiero a lo mejor en relaciones, experiencias, gustos, TODO.

Conecta siempre con tu esencia y no pierdas la fe en ti, encuentra tu propósito y vive en él y por él. No pierdas el piso porque lo podrás perder todo, recuerda dar pues al dar llegará más.

Vive en amor y sin envidias, reconoce el éxito de otras personas y manda bendiciones.

Siempre puedes conectar con tu divinidad, de esa

forma sabrás por intuición como manifestar. Solo recuerda tener metas claras, visualizar, tener fe y desapegarte del resultado.

La abundancia es infinita y te invita a que cambies de mentalidad, te pone en una situación incómoda para que aprendas a "DESAPRENDER" necesitas estar dispuesto a cambiar creencias y eso no es negociable.

La abundancia está al alcance de todos pero no todos están dispuestos a alcanzarla. Tienen un costo, probablemente tendrás que cambiar hábitos, creencias, levantarte más temprano, esforzarte más, entre otras cosas. Aprende a amar el proceso, porque el proceso se hará parte de tu vida.

Date permiso de querer abundancia en tu vida, llénate de herramientas si es necesario, pero reconocer que el poder ya está en ti. Puedes apoyarte con la visualización que para mí es la herramienta más poderosa pues me llena de emoción y me ayuda a seguir adelante cuando estoy a punto de rendirme.

Ama, agradece, medita, come bien, ejercítate.

Te comparto mi rutina tal cual para tener una vida abundante y que me ha funcionado:

Despertar temprano entre 5 am y 6 am

Meditar por 15 minutos

Cerrar mis ojos con un audio que yo misma grabé de decretos y afirmaciones con duración de 5 minutos.

Escribir 10 agradecimientos.

Poner una canción inspiración e imaginarme que estoy en un auditorio con miles de personas que han comprado mis libros lista para dar una conferencia. 5 minutos

Visualizar mi día 5 minutos

Con esos 40 minutos tengo toda la energía para tener un día feliz y dar todo de mí.

También procuro estar alejada de noticias negativas, chisme o problemas. Vivo en el presente, disfruto de mis alimentos, del café, trabajo y salgo a correr una hora por las noches. Trato de leer todos los días, escuchar audiolibros, cultivar mi mente.

Todo está en ti, encontrarás tu propia rutina. Por favor no dejes lo que aprendiste en este libro en vano, aplícalo y te prometo que tu vida va a mejorar.

- Ahora tus 10 agradecimientos:

1)

2)

3)

4)

5)

6)

7)

8)

9)

10)

De ahora en adelante tendrás 21 días para ti, para llenarte de tu amor y florecer. Tendrás el espacio para cada día.

Día 1

No dejes que el miedo se interponga en tu camino - Babe Ruth

Te recomiendo hoy verte al espejo, intenta hacerlo con amor y repite: ¡Te amo, estoy contigo y mereces amor y abundancia!

*Intenta incluir la meditación y actividad física.

Mis 5 agradecimientos del día:

Mis 5 afirmaciones:

Aformación del día:

Mi objetivo de hoy:

Mis agradecimientos de la noche:

¿Cómo me sentí hoy?

Día 2

No cuentes los días, haz que los días cuenten - Muhammad Ali

Intenta hoy practicar el tiempo presente, puedes intentarlo con tu primer comida del día. Saborea cada bocado, tu café, té o bebida.

*Intenta incluir la meditación y actividad física.

Mis 5 agradecimientos del día:

Mis 5 afirmaciones:

Aformación del día:

Mi objetivo de hoy:

Mis agradecimientos de la noche:

¿Cómo me sentí hoy?

Día 3

Asegúrate de que colocas tus pies en el lugar correcto, y luego mantente firme - Abraham Lincoln

¿Qué te parece hoy escuchar tu canción favorita y cantarla a todo pulmón?

*Intenta incluir la meditación y actividad física.

Mis 5 agradecimientos del día:

Mis 5 afirmaciones:

Aformación del día:

Mi objetivo de hoy:

Mis agradecimientos de la noche:

¿Cómo me sentí hoy?

Día 4

Si puedes soñarlo, puedes hacerlo
- Walt Disney

Piensa hoy en el viaje de tus sueños, trata de visualizarte ahí. Busca fotografías, hoteles, vuelos. Siente ese viaje, es tuyo.

*Intenta incluir la meditación y actividad física.

Mis 5 agradecimientos del día:

Mis 5 afirmaciones:

Aformación del día:

Mi objetivo de hoy:

Mis agradecimientos de la noche:

¿Cómo me sentí hoy?

Día 5

El secreto para salir adelante es comenzar - Mark Twain

Lee tu contrato que está en las primeras páginas, conecta con él y siente cada una de las palabras allí escritas.

*Intenta incluir la meditación y actividad física.

Mis 5 agradecimientos del día:

Mis 5 afirmaciones:

Aformación del día:

Mi objetivo de hoy:

Mis agradecimientos de la noche:

¿Cómo me sentí hoy?

Día 6

Cree que puedes y casi lo habrás logrado - Theodore Roosevelt

Procura tener un pequeño momento de conexión con la naturaleza. Ya sea en un parque o en tu jardín. Incluso puedes simplemente ver el cielo.

*Intenta incluir la meditación y actividad física.

Mis 5 agradecimientos del día:

Mis 5 afirmaciones:

Aformación del día:

Mi objetivo de hoy:

Mis agradecimientos de la noche:

¿Cómo me sentí hoy?

Día 7

Un optimista ve una oportunidad en toda calamidad, un pesimista ve una calamidad en toda oportunidad - Winston Churchill

Prémiate, lee algún libro que te guste, toma un baño caliente. Cómprate un regalo, ve una película o un capítulo de tu serie. Disfruta y siéntete feliz.

*Intenta incluir la meditación y actividad física.

Mis 5 agradecimientos del día:

Mis 5 afirmaciones:

Aformación del día:

Mi objetivo de hoy:

Mis agradecimientos de la noche:

¿Cómo me sentí hoy?

Día 8

"Todos somos capaces de ir más allá de nuestras ataduras mentales" - Deepak Chopra

Cuida en este día todas tus palabras, analiza tu lenguaje. Las palabras son creadores, alejate de la queja y la negatividad

*Intenta incluir la meditación y actividad física.

Mis 5 agradecimientos del día:

Mis 5 afirmaciones:

Aformación del día:

Mi objetivo de hoy:

Mis agradecimientos de la noche:

¿Cómo me sentí hoy?

Día 9

"Mantén tus pies en el suelo, pero deja que tu corazón se eleve tan alto como pueda." Anónimo

Intenta hoy hacer una meditación con mantras, te recomiendo el mantra OM. Cierra tus ojos, conecta con la respiración y repite el mantra en voz alta o tu mente OM, OM, OM. Este mantra está relacionado con la vibración divina, conectar con la divinidad.

*Intenta incluir la meditación y actividad física.

Mis 5 agradecimientos del día:

Mis 5 afirmaciones:

Aformación del día:

Mi objetivo de hoy:

Mis agradecimientos de la noche:

¿Cómo me sentí hoy?

Día 10

"Quién vive en armonía consigo mismo, vive en armonía con el universo" Anónimo

Conecta hoy totalmente con la gratitud. Si te llega comida, agradece en tu mente, si te estás vistiendo agradece que tienes ropa, si hablas con un ser querido agradecer que tienes a esa persona, así con cada acción. Si lo haces todo el día, tu día será especial y maravilloso.

*Intenta incluir la meditación y actividad física.

Mis 5 agradecimientos del día:

Mis 5 afirmaciones:

Aformación del día:

Mi objetivo de hoy:

Mis agradecimientos de la noche:

¿Cómo me sentí hoy?

Día 11

"Tener éxito no es aleatorio, es una variable dependiente del esfuerzo." Sófocles

¿Qué tal si haces de tu entorno un lugar tranquilo y positivo? Mientras estudias o trabajas puedes escuchar música de frecuencias, sonidos ambientales, perfumar el ambiente, prender algunas velas. Si no tienes oportunidad de hacer esto en tu rutina del día, busca un espacio, que sea un momento tuyo al menos 30 minutos.

*Intenta incluir la meditación y actividad física.

Mis 5 agradecimientos del día:

Mis 5 afirmaciones:

Aformación del día:

Mi objetivo de hoy:

Mis agradecimientos de la noche:

¿Cómo me sentí hoy?

Día 12

Todas las personas morimos. Sin embargo, no todas vivimos.

Piensa un momento en todas las personas que amas, trae su imagen a tu mente, mandales amor y gratitud.

*Intenta incluir la meditación y actividad física.

Mis 5 agradecimientos del día:

Mis 5 afirmaciones:

Aformación del día:

Mi objetivo de hoy:

Mis agradecimientos de la noche:

¿Cómo me sentí hoy?

Día 13

Cuando pierdas, no pierdas la lección. Dalai Lama

Simplemente disfruta de tu día, mantente presente, en gratitud y amor. Si te nace bailar, baila, si te nace reír hazlo.

*Intenta incluir la meditación y actividad física.

Mis 5 agradecimientos del día:

Mis 5 afirmaciones:

Aformación del día:

Mi objetivo de hoy:

Mis agradecimientos de la noche:

¿Cómo me sentí hoy?

Día 14

"No puedes derrotar a una persona que no se rinde."Babe Ruth

Simplemente disfruta de tu día, mantente presente, en gratitud y amor. Si te nace bailar, baila, si te nace reír hazlo.

*Intenta incluir la meditación y actividad física.

Mis 5 agradecimientos del día:

Mis 5 afirmaciones:

Aformación del día:

Mi objetivo de hoy:

Mis agradecimientos de la noche:

¿Cómo me sentí hoy?

Día 15

"No puedes fallar en ser tú mismo." Wayne Dyer

Abrazate, lo mereces. Estás haciendo TANTO por mejorar tu vida, que mereces todo tu amor y respeto.

*Intenta incluir la meditación y actividad física.

Mis 5 agradecimientos del día:

Mis 5 afirmaciones:

Aformación del día:

Mi objetivo de hoy:

Mis agradecimientos de la noche:

¿Cómo me sentí hoy?

Día 16

"Apunta a la luna. Si fallas podrás darle a una estrella."William Clement Stone

Asegurate de estar dando pasos hacia tu sueño, una acción cada día.

*Intenta incluir la meditación y actividad física.

Mis 5 agradecimientos del día:

Mis 5 afirmaciones:

Aformación del día:

Mi objetivo de hoy:

Mis agradecimientos de la noche:

¿Cómo me sentí hoy?

Día 17

Da siempre lo mejor que tienes. Lo que plantes ahora, lo cosecharás más tarde. Og Mandino.

Desconéctate por hoy de redes sociales, de la tecnología. Solo si es parte de tu trabajo hazlo, pero el resto del día desintoxícate.

*Intenta incluir la meditación y actividad física.

Mis 5 agradecimientos del día:

Mis 5 afirmaciones:

Aformación del día:

Mi objetivo de hoy:

Mis agradecimientos de la noche:

¿Cómo me sentí hoy?

Día 18

El éxito no está en vencer siempre sino en no desanimarse nunca. Napoleón Bonaparte

Evita juzgarte el día de hoy

*Intenta incluir la meditación y actividad física.

Mis 5 agradecimientos del día:

Mis 5 afirmaciones:

Aformación del día:

Mi objetivo de hoy:

Mis agradecimientos de la noche:

¿Cómo me sentí hoy?

Día 19

" La gratitud es la puerta de la abundancia"

Toma el sol, sal por un momento y dirige tu cara hacía el sol. Llénate de su energía de manera consciente.

*Intenta incluir la meditación y actividad física.

Mis 5 agradecimientos del día:

Mis 5 afirmaciones:

Aformación del día:

Mi objetivo de hoy:

Mis agradecimientos de la noche:

¿Cómo me sentí hoy?

Día 20

Busca ser tu mejor versión.

Busca hoy una historia inspiradora, conoce la biografía de alguien que admires.

*Intenta incluir la meditación y actividad física.

Mis 5 agradecimientos del día:

Mis 5 afirmaciones:

Aformación del día:

Mi objetivo de hoy:

Mis agradecimientos de la noche:

¿Cómo me sentí hoy?

Día 21

"Ama quién eres, qué eres y lo que haces."Louise Hay

Toma el sol, sal por un momento y dirige tu cara hacía el sol. Llénate de su energía de manera consciente.

*Intenta incluir la meditación y actividad física.

Mis 5 agradecimientos del día:

Mis 5 afirmaciones:

Aformación del día:

Mi objetivo de hoy:

Mis agradecimientos de la noche:

¿Cómo me sentí hoy?

HERRAMIENTAS

Esta es una sección de recomendaciones, como música, libros, frecuencias y técnicas de manifestación. Te comparto todos los elementos que utilizo que tal vez pueden ser de tu agrado.

LIBROS QUE ME HAN AYUDADO EN MI PROCESO DE DESPERTAR ESPIRITUAL Y CRECIMIENTO PERSONAL.

- Deja de Ser tú- Joe Dispenza
- Los cuatro acuerdos- Dr. Miguel Ángel Ruiz
- Las 7 leyes espirituales del éxito- Deepak Chopra
- Metahumano- Deepak Chopra
- Poder sin Límites- Tony Robbins
- Visualizacion creativa-Shakti Gawain
- Milagros de tu mente- Joseph Murphy
- El monje que vendió su Ferrari-

- La ley de atracción- Esther y Jerry Hick

FRECUENCIAS Y SU USO COMÚN:

174 Hz- Para disminuir dolores y aumentar la energía
285 Hz- Reparación de células y tejidos
396 Hz- Eliminar el miedo y la culpa
417 Hz- Eliminar energías negativas
528 Hz- Frecuencia del amor
741 Hz- Iluminación e intuición
852 Hz- Yo superior y guías espirituales
963 Hz- Frecuencia de Dios, activación glándula pineal

CRISTALES Y CUARZOS

En el libro platicamos, somos energía y cada elemento que se encuentra en el universo tiene su propia frecuencia. Los cristales y cuarzos se utilizan desde hace muchos años en la medicina alternativa y prácticas espirituales.

Los cuarzos son minerales resistentes que se usan para elevar la energía. Se emplean en la joyería, pero realmente tienen doble uso. Son muy bonitos y resultan sanadores.

Te explicaré el uso de los cuarzos según sus colores. Si nos pusiéramos a explicar las características de cada cuarzo o mineral que hay en la tierra nos llevaríamos todo un libro así que te lo voy a resumir.

- **Cuarzos rojos:**Ayudan a estimular la energía, el amor, la fuerza aumentan la creatividad y la pasión. Se les conoce como piedras de fuego. Se recomienda poner un cuarzo rojo dentro de tu habitación para mejorar la conexión con la pareja.
- **Cuarzos azules:** Son los mejores para equilibrar ambientes y personas. Ayudan a proporcionar una sensación de paz.
- **Cuarzo rosa:** Ideal para alinear energías, se le conoce como la piedra del amor. Propiedades curativas, promueve la confianza, compasión, comunicación e invita a la paz.
- **Cuarzos verdes:** Ideales para la creatividad, empatía, abundancia y eliminar energías negativas. Atrae el éxito y abundancia económica.
- **Cuarzo de cristal:** Conocido como el sanador, ideal para meditar, eliminar energías nega-

tivas y activar el sistema inmune.

- **Cuarzo morado:** Es el cuarzo de la intención y la intuición, ya que trabaja con tu espiritualidad.
- **Cuarzos negros:** Los mejores para soltar y dejar ir personas y situaciones. Se utiliza para el manejo del enojo y calmar la mente.

ESTA ES UNA ORACIÓN QUE REPITO TODOS LOS DÍAS, PARA MI ES MUY PODEROSA

Los dones de Dios son mis dones, aprovecho cada minuto del día para sentir su presencia en mi interior. Me encuentro en armonía y vibro siempre en abundancia. El amor de Dios y el universo me bendice a mí y a todos los que me rodean.

Vivo en amor, por lo tanto, el amor divino me cura y

me mantiene sana todo el tiempo. No le temo al mal porque estoy siempre protegida. El amor y la divinidad sanan y guían mi vida.

Me perdono a mí y perdono a todos con sinceridad, me siento llena de amor y paz. Atraigo todo aquello que quiero y necesito en mi vida pues merezco cada uno de mis deseos. Me siento guiada y confiada en todo momento.

ESENCIAS PARA ARMONIZAR TUS ESPACIOS (AROMATERAPIA)

¿Habías escuchado sobre la aromaterapia? Va mucho más allá de que un lugar tenga un aroma agradable, se busca aprovechar al máximo las propiedades de aromas extraídos de plantas para otorgar bienestar. Te dejo una lista de los que más comunes y sencillos de conseguir.

Lavanda: Cuenta con propiedades relajantes, tiene un aroma floral y se utiliza en los dormitorios pues es muy bueno para conciliar el sueño.

Romero: Ayuda en el tratamiento de estrés y ansiedad. Se han hecho estudios que han demostrado que mejora la memoria y la concentración. Yo lo uso para los espacios en los que estoy trabajando.

Vainilla: Ayuda a armonizar espacios, se dice que es bueno para atraer energías positivas. Puedes emplearlo en espacios sociales como tu sala.

Combinación de clavo y naranja: La combinación de ambos da como resultado frescura y calidez. Puedes usarlo en tu cocina.

Jazmín: Además de que huele delicioso es un antidepresivo natural, con solo percibir su aroma eleva el estado de ánimo. También se dice que es afrodisíaco así que lo puedes poner en tu habitación.

LOS MANTRAS

La palabra mantra se descompone en dos raíces que proceden del sánscrito “man” que significa mente y “tra” que significa protección. Entonces mantra significa protección de la mente.

Cuando practico la meditación con mantras es cuando logro meditaciones más profundas, siento la energía en mi cuerpo. Es muy sencillo, solo cierra tus ojos, comienza a hacer respiraciones profundas e incorpora el mantra que elegiste. Lo puedes decir mentalmente o hacer el sonido. Te comparto que cuando hago el sonido siento como esa vibración me va elevando, mi mente se enfoca en el sonido por lo tanto me llegan menos pensamientos.

Los mantras fueron creados por grandes maestros o gurús en estados profundos de meditación, si te inducen a mayor relajación, es una excelente opción de meditación si quieres calmar tu mente. Es realmente placentera la sensación de paz al terminar una meditación de mantras. Si padeces de ansiedad o te encuentras en un momento complicado de tu vida, incorpora esta meditación al menos una vez a la semana y utiliza otras técnicas en los demás días.

Los mantras más conocidos provienen del budismo, te comparto algunos y su significado.

- **OM**

Se considera el mantra universal, se pronuncia AUM y es considerado el sonido del universo, no tiene una traducción específica a nuestro idioma, pero podemos llamarlo como el origen de todo. Intenta incorporar este mantra a tu meditación, alarga la palabra en tu tono más grave y disfruta. Te darás cuenta en un inicio que probablemente llegarán pensamientos aleatorios y que de pronto dejan de llegar. Puedes acompañar esta meditación con algún sonido binaural, cuencos tibetanos o sonidos de la naturaleza. Es un mantra muy corto pero poderoso.

- **OM MANI PADME HUM**

Este es otro mantra que viene del budismo. Su sonido está relacionado con la sabiduría y la compasión. También se considera que dentro de este sonido encontrarás la mayoría de las enseñanzas de Buda.

Puedes intentarlo para calmar tu mente y sembrar bondad en tu vida. A mí me gusta hacerlo con una sonrisa, sentada en el piso con las piernas cruzadas y postura recta. Me siento diferente al terminar, de un inicio te confieso que me sentía incómoda pues el mantra es largo, no es en mi idioma, pero lo seguí haciendo, la vibración del sonido me hizo relajarme y dejé a un lado mi incomodidad. En resumen, este mantra es para pedir por sabiduría, bondad y conectarnos con el universo.

- **OM TARE TUTTARE**

Este mantra es utilizado para interiorizar y encontrar nuestra propia fuerza. Es un mantra de autodescubrimiento, que nos ayuda a profundizar en nosotros mismos y eliminar obstáculos internos. Al ser un mantra para trabajar en nuestro interior, nos ayudará a fomentar la creatividad.

- **YAM**

Este mantra se escucha como IAM. No tiene una traducción en específico, pero se conoce como el mantra del amor. Se dice que al usarlo va directo a dar paz a nuestro corazón, también lo utilizan personas con problemas de taquicardias, arritmias o infartos pues también impacta a nivel físico.

- **RAM**

Significa "La luz dentro de mi" Nos invita a la humildad, autorrealización, bondad y sanación.

- **HAM**

  Este mantra es de los más conocidos y se considera el mantra natural, ya que es el más parecido al sonido de nuestra respiración, al inhalar y exhalar. Ham significa "Yo soy eso" se refiere a que somos eso, la energía que entra y sale de nuestro cuerpo, somos el universo, la divinidad, que estamos en perfecta conexión con todo.

Tú puedes crear tu propio mantra, utilizar alguna

palabra que te serene, que te de fuerza o que tenga la intención que estás buscando. La concentración se logra con la repetición de la misma palabra. Es parecido a la meditación con afirmaciones, solo que aquí se utiliza una sola palabra u oración. Se recomienda eliminar la palabra no de los mantras o afirmaciones pues esta palabra genera bloqueo.

LOS CHAKRAS

Probablemente seas escéptico en este tema, pero te invito a tener un poco de apertura. Una vez que entraste al mundo de la meditación te será más sencillo entender que somos energía y que pueden existir "cosas" distintas a las que creemos.

La palabra Chakra viene del sánscrito "círculo" proviene de la cultura oriental y nos hace entender a nuestro cuerpo como energía. La alineación de los chakras es una práctica muy común en el yoga y la meditación.

Los Chakras son puntos ubicados estratégicamente en nuestro cuerpo para hacer fluir esa energía que generamos, cuando un chakra se encuentra bloqueado podremos "perder el equilibrio".

Te invito a abrir un poco tu mente y conocer sobre este tema e intentarlo, al menos una vez.

Los chakras no son visibles, pero imagina que son siete puntos distribuidos desde tu cabeza hasta el coxis acomodados linealmente. Para entender mejor los chakras se les denominó un color, cada uno tiene su significado.

Chakra raíz

Este chakra está ubicado en la base de nuestra columna, a nivel del coxis. Es un punto energético no visible que se le da el color rojo y de elemento la tierra. Al ser base, se relaciona con nuestras necesidades básicas que nosotros como humanos consideramos que son necesarias para vivir: Tener comida, agua, sustento, donde vivir, tener amor.

Este chakra se bloquea con la ansiedad y con el miedo. También este chakra se relaciona con la sexualidad y con nuestro cuerpo físico.Cuando este chakra no está funcionando correctamente o no está alineado podemos perder el balance de aquellas necesidades, por ejemplo: Podríamos estar muy apegados al sexo, al dinero, sentir que nos hace falta amor y miedo a vivir en la carencia.

También se dice que las enfermedades autoinmunes se relacionan con el bloqueo de este chakra. Si trabajas en el funcionamiento y desbloqueo del chakra raíz podrías experimentar: Una sensación de paz, confianza en ti mismo, salud sexual, mejor conexión con la naturaleza, prosperidad y balance entre cuerpo, alma y mente.

Probablemente ahora que leíste los beneficios vas a querer balancear ese punto energético y una de esas formas es la meditación. Antes de explicarte como realizar esta meditación te diré otras maneras con las que lo puedes complementar.

- Utiliza colores rojos en tu vestimenta
- Los inciensos de sándalo ayudan
- Los ejercicios de cadera ayudan a tener mejor flujo de energía.
- Utiliza afirmaciones relacionadas con la prosperidad
- Ejercítate.

Chakra sacro

A este chakra se le da el color naranja y el elemento agua, está relacionado con la sexualidad y la creatividad. Se encuentra al nivel de nuestros genitales, cuando está bloqueado se pueden reprimir emociones, problemas de pareja o problemas relacionados con la sexualidad.

Para desbloquear este chakra también se recomiendan distintos métodos:

- Meditación (visualización)
- Bailar
- Afirmaciones positivas
- Meditación (Mantras, se recomienda el YAM pues sana nuestra relación con la pareja y nosotros mismos)

Chakra plexo solar

El color de este chakra es el amarillo, el elemento fuego y está ubicado a la altura del ombligo. Es el primer chakra que se empieza a relacionar con uno mismo. Este chakra ve hacia adentro, nuestro poder personal, voluntad, miedos y emociones.

Cuando está balanceado ejercemos autodisciplina, somos determinados y creemos en nosotros mismos.

Hay dos formas de desbalance en este chakra, imagina que es una balanza. Si va hacia abajo podemos sentirnos temerosos que no confiamos en nosotros mismos con ansiedad y miedo al futuro. Si va hacia arriba entramos a la parte del ego, falta de humildad y exceso de confianza en uno mismo cayendo en la arrogancia.

Las formas de trabajar en este chakra primeramente es trabajar en uno mismo, te paso una lista de métodos sencillos:

- Meditación con mantras (Mantra RAM)
- Aromaterapia (Se recomienda el romero, menta y lavanda)
- Yoga
- Baños de sol
- Ejercicios de respiración consciente

Chakra corazón

Como bien lo dice, este chakra se ubica a la altura de nuestro corazón, su color es el verde, elemento viento y está relacionado con el amor. El amor a uno mismo, a los demás y a la naturaleza. Este chakra es la conexión de los demás chakras, conecta a los tres primeros relacionados con las necesidades básicas con los tres superiores relacionados con la mente.

Este chakra se bloquea con la codependencia, cuando no sabemos decir que no y toleramos demasiado o cuando hay falta de amor propio.

Como este chakra es el del amor, se relaciona con el tacto y las manos, pues es una forma de dar o recibir amor.

Existen muchas formas de alinearlo, simplemente conectado con la vida, con uno mismo, con el mundo y con los demás. Estar presente, agradecer y perdonar. Te proporciono una lista de algunas actividades que puedes realizar para alinearlo.

- Meditación (Mantra YAM)
- Afirmaciones positivas relacionadas con uno mismo
- Sonreír al espejo
- Demostrar afecto a seres queridos
- Aromaterapia
- Actividades al aire libre
- Observar el cielo por unos momentos
- Respiración consciente
- Meditación de cualquier tipo
- Trabajar en ti: mejorar tu alimentación, actividad física, hacer las cosas que te gustan.

Chakra garganta

El color que representa a este chakra es el azul, el elemento el éter pues es significado del vacío o la pureza. Por la ubicación de este chakra conecta al corazón con la conciencia es la perfecta unión entre el sentir y el pensar. Es el chakra de la comunicación tanto hacia los demás como hacia nosotros mismos. Te paso una lista de actividades que puedes realizar para alinearlo:

- Respiración consciente
- Meditación (mantra HAM)
- Meditación de cualquier tipo
- Cantar
- Hablarte a ti mismo (Practícalo, en voz alta cuando estés a solas busca tener una conversación ¿Cómo estás? ¿Cómo te sientes? Puedes decirte tus virtudes, recordarte que estás ahí, encontrarás la forma de que esa conversación fluya)
- Busca a aquel amigo, conocido o familiar con quien tienes conversaciones amenas.

Chakra tercer ojo

Se le llama tercer ojo por el lugar en donde se ubica y lo que significa, se encuentra en el entre cejo y es la conexión de lo que podemos ver y lo que no, es decir el mundo terrenal con lo espiritual. Su color es el azul marino, el elemento es la mente. Es el chakra de la conciencia, de la espiritualidad, la intuición, la dualidad entre la masculinidad y feminidad.

Algunas actividades que nos pueden ayudar a alinear este chakra son:

- Meditar (Mantra OM)
- Meditación con visualización (imagina un punto azul marino en tu entrecejo y concéntrate en el)
- Observa por unos minutos en silencio una vela encendida, después cierra tus ojos e imagina el punto en tu entrecejo.
- Intenta estar en silencio por al menos 15 minutos por día, además de la meditación.
- Busca tener apertura a la espiritualidad.

Chakra corona

Es la culminación de los chakras, se ubica por encima de nosotros como su nombre lo dice "corona" el elemento es el pensamiento y el color es el violeta. Es el chakra de la espiritualidad total, controla las energías y vibraciones, es la conexión de nosotros con todo lo que nos rodea del universo ya sea los seres humanos, animales, plantas, la vida, los planetas, con el todo. Al estar bloqueado podemos experimentar baja energía, falta de alegría. Hay algunas actividades que podemos realizar para desbloquear, pero antes necesitamos tener balance con todos los demás.

- Meditación (Mantra OM)
- Cualquier tipo de meditación
- Conectar con la naturaleza
- Escuchar frecuencias altas como la frecuencia del amor
- Practicar afirmaciones positivas
- Manifestar y visualizar

GRACIAS

De todo corazón agradezco que compraras este libro y realizaras los ejercicios.
Si consideras que el libro es bueno y puede ayudar a alguien más te pido y te invito a que lo compartas.
También puedes dejarme directamente tus comentarios en Amazon y en mis redes sociales.

Te mando un fuerte abrazo y todo mi cariño.
Mariana

Made in the USA
Coppell, TX
03 January 2023

10354840R00148